SPÉCIAL
SÉJOU
LINGUIST

Le petit guide de survie

AU ROYAUME-UNI

LAROUSSE
21, rue du Montparnasse 75 283 Paris Cedex 06

21, rue du Montparnasse
75283 Paris CEDEX 06

www.larousse.fr

ISBN 978 2 03 590984 8

Direction de la publication : Carine Girac-Marinier
Direction éditoriale : Claude Nimmo
Édition : Giovanni Picci
Rédaction : Gaëlle Amiot-Cadey
Révision : Dominique Chevalier
Relecture-Correction : Henri Goldszal
Direction artistique : Uli Meindl
Illustrations : Alain Boyer
Mise en page : Giovanni Picci et Les PAOistes
Informatique éditoriale : Dalila Abdelkader, Philippe Cazabet
Fabrication : Marlène Delbeken

Sommaire

Sommaire

1

Let's go!

C'était peut-être ton idée au départ, à moins que tes parents ne t'aient un peu forcé la main (« rien de tel qu'un petit stage en Angleterre pour faire remonter ta moyenne d'anglais, mon poussin ! »), mais en tout cas le résultat est le même : te voilà en route pour la Grande-Bretagne !

Un peu angoissé(e) à l'idée de vivre une semaine, ou plus, loin de ta famille et dans un pays où les habitants ont la réputation de ne faire AUCUN effort pour se faire comprendre, tu t'apprêtes à passer sous/traverser/survoler la Manche pour débarquer chez nos voisins les Britanniques.

What do you look like?

Pour éviter que ta famille de rêve n'emmène quelqu'un d'autre avec elle, et que toi, tu te retrouves chez la famille Addams... voici quelques phrases utiles pour te décrire :

What do you look like?
À quoi ressembles-tu ?

I am tall/small.
Je suis grand(e)/petit(e).

I am a bit chubby.
Je suis un peu enrobé(e).

I am quite skinny/slim.
Je suis plutôt maigre/mince.

I have brown/blue/green eyes.
J'ai les yeux marron/bleus/verts.

I wear glasses.
Je porte des lunettes.

Les petits pièges à éviter

Si tu veux dire que tu es mince, ne dis pas **I am mince**, dont la traduction est : « je suis de la viande hachée » !

Welcome to the UK!

Tu n'oublieras pas de parler de tes cheveux, un détail très important pour compléter ton portrait :

I have long/short hair.
J'ai les cheveux longs/courts.

I have brown/blond/ginger hair.
J'ai les cheveux bruns/blonds/roux.

I have straight/curly hair.
J'ai les cheveux lisses/bouclés.

Les petits pièges à éviter

Attention ! Malgré les magnifiques cheveux que tu as, tu diras **My hair is blond**, comme si tu n'en avais qu'un seul sur la tête : le verbe est au singulier.

At the airport

Ouf ! Tu n'as rien oublié dans l'avion, tu as réussi à passer la douane sans que personne de ton groupe ne voie la photo de ta carte d'identité qui a été prise lorsque tu avais 8 ans... Pour l'instant tout se passe bien. Alors une formule s'impose :

Welcome to the UK!
Bienvenue au Royaume-Uni !

Dans l'aéroport, tu verras sûrement ces panneaux :

Arrivals	Arrivées
Departures	Départs
Check-in	Enregistrement
Baggage claim	Retrait des bagages
Gate	Porte (d'embarquement)
Exit	Sortie

Allez, un petit rappel de questions utiles – tu les connais probablement déjà, mais le premier jour on a toujours l'impression d'avoir tout oublié !

Le petit point de grammaire : les adjectifs

L'avantage avec les adjectifs anglais, c'est qu'ils ne s'accordent pas, c'est-à-dire qu'ils n'ont ni singulier, ni pluriel, ni féminin, ni masculin. Une seule forme suffit. En revanche, il faut juste se rappeler de les placer avant le nom :

I have green eyes. J'ai les yeux verts.

Welcome to the UK!

Where is the exit?
Où est la sortie ?

Where are the toilets, please?
Où sont les toilettes, s'il vous plaît ?

Where can I find my luggage?
Où est-ce que je peux récupérer mes bagages ?

Where can I find my luggage?

C'est bien joli de poser toutes ces questions, mais encore faut-il comprendre les réponses ! Est-ce que tu te rappelles comment dire « en face de », « à côté de », etc. ? Bon, on t'aide un peu :

It's opposite the bank.
C'est en face de la banque.

It's next to the newsagent's.
C'est à côté du marchand de journaux.

It's behind the information desk.
C'est derrière le point info.

The toilets are over there.
Les toilettes sont là-bas.

At the station

Tu pourrais tout aussi bien arriver en Eurostar, par le tunnel sous la Manche. En arrivant à la gare (train station) St Pancras à Londres, tu seras peut-être obligé(e) de dire quelques mots en anglais :

Where is the information desk?
Où est le point info ?

Here is my ticket.
Voici mon billet.

Le vocabulaire relatif aux trains n'est pas trop compliqué en anglais :

Platform	Quai
Ticket	Billet
Train	Train
Seat	Place

Tickets, please!
Billets, s'il vous plaît !

On ne composte pas son billet en gare en Grande-Bretagne ; des contrôleurs passent dans les trains pour les composter. En revanche, garde bien ton billet jusqu'à la sortie. Dans les grandes villes, il faut souvent passer son billet dans la machine pour franchir les portillons au bout du quai.

Welcome to the UK!

On the ferry

Nos conseils si tu traverses la Manche en ferry : attention à ne pas dépenser tout ton argent sur le bateau dans les magasins de duty-free (est-ce que tu as vraiment besoin d'un tube de Smarties® géant ? Sérieusement !), et fais aussi attention aux mouettes et goélands (seagulls), de véritables pirates des Caraïbes qui raflent les sandwichs des passagers sur le pont !

On the road

Attention de ne pas gâcher de si belles vacances en te faisant écraser par une voiture dès la première minute sur le sol britannique, ce serait trop bête. Rappelle-toi que les Anglais roulent à gauche, donc regarde d'abord à droite avant de traverser. Ces Anglais ne font rien comme tout le monde... mais c'est peut-être le reste de la planète qui roule du mauvais côté de la chaussée ?

Pour éviter que trop de touristes ne se fassent ratatiner comme un pancake (crêpe), on voit souvent écrit "look right" (« regardez à droite ») sur le sol aux passages piétons. Du moment que tu ne confonds pas ta gauche et ta droite, tout ira bien.

Let's meet up!

Les organisateurs de ton voyage linguistique ne te laisseront pas partir avec les premiers inconnus venus réclamant "a French boy or a French girl, please!", donc pas d'inquiétude ! Mais si tu pars seul(e) à l'aventure, mets-toi bien d'accord au préalable avec ta famille d'accueil sur le lieu et l'heure de rendez-vous :

Check-list

On t'a préparé un petit mémo très utile pour les choses à vérifier avant le départ, et à emporter avec toi. Mais on te laisse le soin de décider combien de paires de chaussettes tu mettras dans ta valise...

- ❍ As-tu pris contact avec ta famille d'accueil ?
- ❍ T'es-tu décrit ?
- ❍ Leur as-tu demandé de se décrire ?
- ❍ As-tu leurs numéros de téléphone ?
- ❍ Avez-vous décidé d'une heure et d'un lieu de rencontre ?

Et n'oublie pas de mettre tout ça dans ta valise :

- ❍ 1 plan de Londres
- ❍ 4 photos d'identité pour documents
- ❍ ton lecteur MP3 (tu n'oses même pas imaginer ce qu'ils écoutent là-bas)
- ❍ ton appareil photo
- ❍ ce guide (indispensable !) et un petit dictionnaire de poche (Larousse, évidemment !)
- ❍ ta carte d'identité (toujours utile pour passer la frontière...)
- ❍ des livres (sterling, pas des bouquins ; n'oublie pas qu'il n'y a pas d'euros en Grande-Bretagne !)
- ❍ une carte européenne d'assurance maladie (à demander à ta caisse d'assurance maladie au moins 15 jours avant le départ). Pour plus d'information, consulte le site de l'Assurance Maladie en ligne). Pas question de tomber malade, mais ça rassure ta mère...
- ❍ une autorisation parentale de sortie du territoire (pour les élèves mineurs)... La honte ! À mon âge !
- ❍ un parapluie (tu comprendras vite pourquoi !)
- ❍ les numéros de téléphone de tes parents, en cas de pépin...

Welcome to the UK!

I will arrive at London St Pancras Station at 11am.
J'arriverai à la gare de Londres Saint-Pancras à 11 h du matin.

Where should I wait for you?
Où est-ce que je dois vous attendre ?

Let's meet next to platform 1.
Rendez-vous à côté du quai numéro 1.

Is there a problem?

Quel que soit ton mode de transport pour te rendre en Angleterre, tout se passera bien, of course, mais au cas où tu aurais un problème, tu pourras te servir de ces phrases :

Can you help me?
Vous pouvez m'aider ?

I am lost.
Je suis perdu(e).

I can't find my suitcase.
Je ne trouve pas ma valise.

I'm looking for my host family.
Je cherche ma famille d'accueil.

Here they are!

Enfin, tu repères un garçon/une fille plus ou moins de ton âge accompagné(e) de ses parents. Ils s'avancent vers toi avec un large sourire :

Hello! Are you Paul?
Bonjour, tu es Paul ?

Yes, and you are the Smiths?
Oui, c'est moi, et vous êtes la famille Smith ?

Tu ne te souvenais pas que l'anglais pouvait être aussi incompréhensible !

Did you have a nice trip?
As-tu fait bon voyage ?

The Smiths
Les Durand

Les noms de famille anglais se mettent au pluriel quand on parle de la famille au complet : I'm staying with the Smiths (Je suis hébergé(e) chez les Smith).

Welcome to the UK!

Yes, I had a nice trip but it was a bit tiring.
Oui, le voyage s'est bien passé mais c'était un peu fatigant.

Devant cette avalanche de questions, réponds simplement :

I'm glad to be here.
Je suis content(e) d'être là.

I'm finally in England!
Je suis enfin en Angleterre !

OUF !! Te voilà confortablement installé(e) dans la Jaguar familiale et vous faites route vers ta future maison. Les questions reprennent, alors que tu commençais à t'assoupir un peu :

What time did you leave?
À quelle heure es-tu parti(e) ?

I left at eight o'clock this morning.
Je suis parti(e) à huit heures ce matin.

We left Rouen at ten o'clock.
Nous avons quitté Rouen à dix heures.

Ils veulent en savoir encore plus. Qu'est-ce qu'ils sont bavards ! Tu vas en faire des progrès avec les Smith !

Where do you live in France?
Où habites-tu en France ?

I live in Paris.
J'habite Paris.

Sans pitié devant ton air complètement naze, ils te demandent encore :

Paris itself or the suburbs?
Paris-Paris ou la banlieue ?

I live in Paris itself.
J'habite Paris même.

I live in Versailles. It's next to Paris.
J'habite Versailles. C'est à côté de Paris.

Le monde entier connaît Versailles !

I come from Brittany.
Je viens de Bretagne.

Si tu es au pays de Galles, tu remarqueras que son drapeau représente un dragon rouge, en gallois : Y Ddraig Gosh.

The Union Jack

Le drapeau du Royaume-Uni, que tu vois ci-dessus, s'appelle the Union Flag ou, plus familièrement, the Union Jack. Il est composé de 3 croix superposées :

la croix de Saint André (Écosse),

celle de Saint Georges (Angleterre)

et celle de Saint Patrick (Irlande du Nord).

Welcome to the UK!

Ça y est, la voiture se gare. Enfin arrivés ! Tu as soif, tu as faim et tu es épuisé(e) d'avoir, en si peu de temps, dit tant de choses, ou du moins essayé. Finalement, ça s'est plutôt bien passé, non ?

Angleterre, Royaume-Uni, Grande-Bretagne...

C'est quoi, la différence ? Le nom complet de ce beau pays est en fait « le Royaume-Uni de Grande-Bretagne et d'Irlande du Nord », ou en anglais the United Kingdom of Great Britain and Northern Ireland.

Ce royaume regroupe 4 nations : l'Angleterre, l'Écosse et le pays de Galles (qui font tous les trois partie de l'île de Grande-Bretagne) et l'Irlande du Nord, qui se trouve, elle, au nord-est de l'île d'Irlande. Les habitants du Royaume-Uni sont les Britanniques.

Ces 4 pays ont leurs propres coutumes, leur drapeau et leur histoire, et tiennent à leur identité. On a souvent tendance à appeler tous les Britanniques « les Anglais », mais n'oublie pas qu'il y a aussi les Gallois, les Écossais et les Irlandais. Si tu te trompes, on te corrigera immédiatement...

QUIZ Un petit quiz pour terminer !

Trouve l'intrus !

○ Exit ○ Departures ○ Gate ○ Seagulls ○ Arrivals

Remets cette phrase dans le bon ordre :

○ **next the it's station to**

....

2

What's your name?

Te voici donc dans ta famille d'accueil. Si tu t'attendais à une famille typique (mum, dad, two kids and a dog), tu seras peut-être déçu(e). Beaucoup de retraités (pensioners) décident d'accueillir de jeunes étrangers chez eux parce qu'ils ont de la place, du temps, et qu'ils souhaitent arrondir leurs fins de mois. Ça ne veut pas dire que vous n'allez pas bien vous entendre ! Tu vas enfin pouvoir enrichir ton vocabulaire sur le jardinage et le tricot ou même apprendre à tricoter !

À moins que tu ne passes quelques jours chez ton correspondant ou ta correspondante (c'était vraiment eux sur les photos ??), il va falloir faire les présentations :

Hello, my name is...
Bonjour, je m'appelle...

What's your name?
Comment t'appelles-tu ?
Comment vous appelez-vous ?

This is my sister Hannah.
Voici ma sœur Hannah.

These are my parents.
Voici mes parents.

Nice to meet you!
Heureux(euse) de faire ta connaissance !
Heureux(euse) de faire votre connaissance !

Tu te vois mal disant « Heureux de faire ta connaissance », et pourtant, en anglais, la formule « Nice to meet you » est très courante et tu peux l'employer dans toutes les situations.

Who are you?

Tu peux parler un peu de toi et de ta famille, to break the ice (pour rompre la glace). On va sûrement te poser des questions. Une petite révision du vocabulaire de sixième ne peut pas te faire de mal...

I am French.
Je suis français(e).

How old are you?
Tu as quel âge ?

I am fourteen.
J'ai 14 ans.

Les petits pièges à éviter

Rappelle-toi qu'en anglais on dit « Je suis 14 (ans) » I am fourteen ou I am fourteen years old. On utilise le verbe « être », to be (et non le verbe « avoir »).

My family

Tu n'échapperas pas aux questions sur ta famille ; es-tu prêt(e) à répondre ?

Do you have brothers and sisters?
Tu as des frères et sœurs ?

I have one sister and one brother.
J'ai une sœur et un frère.

I have an older brother.
J'ai un frère aîné.

I have a younger sister.
J'ai une sœur cadette.

I am the oldest.
Je suis l'aîné(e).

I am the youngest.
Je suis le/la plus jeune.

I am an only child.
Je suis fils/fille unique.

My parents are divorced/separated.
Mes parents sont divorcés/séparés.

I live with my mum.
J'habite avec ma mère.

Si tu tiens vraiment à parler de toute ta famille dès le premier jour :

Halte aux bisous !

On fait beaucoup moins la bise (kiss) en Angleterre qu'en France. Les Anglais la réservent pour les grandes occasions, pour quelqu'un qu'ils connaissent bien et qu'ils n'ont pas vu depuis longtemps. Et c'est un seul baiser, pas plus ! On ne se fait pas la bise le matin, et on n'embrasse surtout pas quelqu'un qu'on vient de rencontrer, comme toi par exemple ! Tu y penseras avant de te jeter dans leurs bras et d'attaquer leurs joues !

Numbers

Parlons chiffres ! Tu les connais, mais ce petit aperçu pourra toujours te servir de mémo :

0	zero	11	eleven
1	one	12	twelve
2	two	13	thirteen
3	three	14	fourteen
4	four	15	fifteen
5	five	16	sixteen
6	six	17	seventeen
7	seven	18	eighteen
8	eight	19	nineteen
9	nine	20	twenty
10	ten	21	twenty-one
		22	twenty-two

30	thirty
40	forty
50	fifty
60	sixty
70	seventy
80	eighty
90	ninety
100	one hundred
101	one hundred and one
102	one hundred and two
200	two hundred
1,000	one thousand
1,001	one thousand and one
1,111	one thousand one hundred and eleven
2,000	two thousand
1,000,000	one million

À ne pas oublier ! En anglais, on met :

- une virgule pour les milliers : 9,325 (en français, c'est 9 325)
- un point pour notre virgule : 2.5 (2,5 en français)

Mother, mum, mummy

Le mot mum en anglais peut être traduit par « mère » ou « maman ». C'est un peu plus familier que mother (mère), sans pour autant faire « bébé » comme mummy (maman), qui n'est employé que par les petits. Donc tu peux t'en servir sans crainte ! C'est la même chose pour father, dad et daddy. En anglais américain, mum s'écrit mom (avec un o).

a half-brother	un demi-frère
a stepsister	une demi-sœur
a stepfather	un beau-père
a stepmother	une belle-mère
a twin sister	une sœur jumelle
a husband	un mari
a wife	une femme
a widow	une veuve
a widower	un veuf

Le métier de tes parents intéressera certainement tes hôtes :

My mum is a teacher/shopkeeper.
Ma mère est professeure/commerçante.

My mum is a lawyer.
Ma mère est avocate.

My dad is a doctor.
Mon père est médecin.

My mum is unemployed.
Ma mère est au chômage.

Si ton père est éclusier et ta mère paléontologue, prépare à l'avance un petit texte avec ton prof d'anglais...

Le petit point de grammaire : les métiers et l'article indéfini.

En anglais, le nom du métier est toujours précédé d'un article indéfini (a, an) :

My dad is a journalist. Mon père est journaliste.
My mother is an editor. Ma mere est éditrice.

What did you say?

Oh là là ! Ils n'ont pas du tout le même accent que ta prof d'anglais et ils parlent beaucoup trop vite ! À moins que tu te sois trompé(e) d'avion et que tu n'aies atterri en Allemagne ? Avant (d'essayer) de continuer la conversation, tu dois calmer le jeu :

Can you speak more slowly, please?
Vous pouvez parler plus lentement, s'il vous plaît ?

I'm sorry, what did you say?
Pardon, qu'est-ce que vous avez dit ?

Could you say that again, please?
Vous pouvez répéter, s'il vous plaît ?

Il te faut acquérir coûte que coûte du vocabulaire, alors, montre du doigt tout ce qui t'entoure et demande :

What is that called?
Comment ça s'appelle ?

How do you say "ananas" in English?
Comment dit-on « ananas » en anglais ?

What does... mean?
Ça veut dire quoi... ?

How do you spell that?
Comment ça s'écrit ?

Sans oublier la question primordiale :

What is this?
Qu'est-ce que c'est ?

On ne pourra pas dire que tu manques de curiosité !

Help me improve my English!

C'est clair, tu n'es pas venu(e) ici pour bronzer (on bronze sous la pluie ?), ni pour jouer sur ta DS pendant tout ton séjour ! Tu es là pour être fluent in English. Donc, si l'on te demande Why are you here? (Pourquoi es-tu là ?), tu peux répondre :

I hope to improve my English.
J'espère améliorer mon anglais.

I like speaking English.
J'aime bien parler anglais.

I would like to be fluent in English.
J'aimerais parler l'anglais couramment.

My English isn't very good.
Mon anglais n'est pas terrible.

I find it easy/difficult.
Je trouve ça facile/difficile.

Some words are difficult to pronounce.
Il y a des mots difficiles à prononcer.

I've been learning English for three years.
Cela fait trois ans que j'apprends l'anglais.

Les tournures à retenir : I have been + verbe en -ing

Pour exprimer une durée dans une phrase comme « J'apprends l'anglais depuis deux ans », emploie le « present perfect en be + -ing » (I have been learning English) suivi de :

- for pour une durée (for two years = depuis deux ans)
- ou since pour une date ou un événement précis comme point de départ dans le passé (since 2010 = depuis 2010).

I have been playing tennis for five years.
Ça fait cinq ans que je joue au tennis.

I have been learning English since 2010.
J'apprends l'anglais depuis 2010.

Nice to meet you!

Tu veux améliorer ton anglais, bien sûr, mais tu veux aussi découvrir le pays, sa culture, faire un peu de sport peut-être, bref de vraies vacances !

I'm hoping to make new friends.
J'espère me faire de nouveaux amis.

I'm looking forward to starting my tennis lessons.
J'ai hâte de commencer mes cours de tennis.

I have a present for you!

Si tu as pensé à apporter un cadeau pour ta famille d'accueil, il est temps de le sortir de ta valise ! À éviter (en espérant que nos conseils n'arrivent pas trop tard), les cadeaux un peu trop « exotiques » : les chocolats, d'accord, mais les escargots en conserve ou le bloc de foie gras risquent de donner des sueurs froides à tes hôtes et de partir directement à la poubelle, ce qui serait bien dommage... Si tu veux apporter du vin ou du champagne, vérifie avant de partir que tu as le droit. Comme tu es mineur(e), la bouteille pourrait être confisquée.

I have a present for you.
J'ai un cadeau pour vous.

This is a specialty from my region.
C'est une spécialité de ma région.

Thank you!
Merci !

You're welcome.
De rien.

Have you been here before?

Tes hôtes seront curieux de savoir si tu as déjà fait un séjour au Royaume-Uni. Mais eux-mêmes, sont-ils déjà venus en France ?

J'ai hâte !

Si tu veux dire que tu as hâte de faire quelque chose, emploie **I'm looking forward to**, une expression dont les profs d'anglais raffolent et qui s'utilise très souvent en anglais. N'oublie pas que, contrairement à l'habitude, la terminaison du verbe après le **to** est en **-ing** !

I'm looking forward to seeing Big Ben.
J'ai hâte de voir Big Ben.

Nice to meet you!

Have you been to England/France before?
Est-ce que tu es déjà venu(e) en Angleterre/France ?

It's my first time in Wales/Ireland.
C'est la première fois que je viens au pays de Galles/en Irlande.

I've been to Scotland once/twice.
Je suis déjà venu(e) une fois/deux fois en Écosse.

How long are you staying for?
Tu restes ici combien de temps ?

I'm staying for five days/two weeks.
Je reste ici cinq jours/deux semaines.

Maintenant que vous avez fait connaissance, tu vas pouvoir faire le tour de la maison, mais avant ça...

QUIZ Un petit quiz pour terminer !

Comment dirais-tu « j'ai 15 ans » en anglais ?

- ○ **I am fourteen years old.**
- ○ **I am fifteen years old.**
- ○ **I have fifteen years old.**

Identifie les cadeaux qu'il faut éviter d'apporter à ta famille d'accueil :

- ○ **Une douzaine d'huîtres de ton village breton.**
- ○ **Une boîte de biscuits de ta région.**
- ○ **Un camembert déjà bien avancé.**

Identifie les quatre parties du Royaume-Uni :

- [1] **England** (Angleterre)
- [ ] **Wales** (pays de Galles)
- [ ] **Scotland** (Écosse)
- [ ] **Northern Ireland** (Irlande du Nord)

3

Your room!

Bon, ça y est, les présentations sont faites. Tes galettes bretonnes ont eu un franc succès et tu n'as presque plus mal au cœur après la traversée en ferry et tous les ronds-points pris dans le mauvais sens ! Tu vas enfin pouvoir visiter la maison. Si tu as la chance d'avoir un correspondant millionnaire habitant un manoir avec domestiques, piscine, écuries, sauna, court de tennis, cinéma privé et table de billard, on a décidé – par pure jalousie – de ne pas t'aider. Débrouille-toi ! En revanche, si la maison est plus modeste, tu trouveras dans ce chapitre tout ce qu'il faut pour t'orienter et ne pas te sentir comme un alien débarquant sur la planète « Britain ».

House or home?
En anglais, il existe deux mots pour la maison, **house** et **home**. On emploie **house** pour la maison proprement dite (le bâtiment) alors que **home** donne plutôt l'idée de foyer (son « p'tit chez-soi »).
You live in a nice house! (Vous habitez une belle maison !)
Make yourself at home. (Fais comme chez toi.)
I'm going home. (Je rentre chez moi.)

Welcome to our home!

Tes hôtes feront sûrement tout leur possible pour te mettre à l'aise pendant ton séjour. Voici quelques formules de politesse que tu entendras ou dont tu pourras te servir :

Welcome to our home!
Bienvenue chez nous !

Make yourself at home.
Fais comme chez toi.

You have a lovely house!
Vous avez une belle maison !

À la maison, chacun a ses petites manies… Comme tu es bien élevé(e), tu suivras les consignes :

Can you take your shoes off?
Tu peux enlever tes chaussures ?

Make yourself at home...

You can hang your coat in this cupboard.
Tu peux accrocher ta veste dans ce placard.

Mind your head when you go through this door.
Fais attention à ta tête quand tu passes cette porte.

Back to front

Alors, à quoi ressemble cette maison ? Si elle est typiquement britannique, a terraced house (maison mitoyenne ou maison de ville), tu auras traversé le petit jardin qui est devant (the front garden), et tu seras entré(e) par la porte côté rue, the front door. Il y a probablement une autre porte côté jardin, the back door. Ne te trompe pas de clé !

This is the front-door key.
Voici la clef de la porte d'entrée (principale).

Go through the back door to get in.
Entre par la porte de derrière.

I'll show you the back garden.
Je vais te montrer le jardin (derrière la maison).

À l'intérieur, tu ne peux t'empêcher de te demander si tes hôtes n'ont pas eu une super promo sur la moquette... car il y en a partout ! Dans l'entrée, dans l'escalier, même dans les toilettes !! Au fait, te souviens-tu du nom des pièces ?

the hall	l'entrée
the stairs (pl)	l'escalier
the toilet	les toilettes
the kitchen	la cuisine
the living room	le salon
the dining room	la salle à manger
the (bed)room	la chambre

Take the lift up to my flat

En anglais américain, lift (ascenseur) se dit elevator et flat se dit plutôt apartment. Quant aux étages, ils sont numérotés différemment : en Grande-Bretagne le rez-de-chaussée (ground floor) est le 0 comme en France (appuie sur le bouton « 0 » ou « G » pour y accéder), mais c'est le 1er (first floor) aux USA.

Make yourself at home...

the bathroom	la salle de bains
the study	le bureau
the corridor	le couloir

Si tu es en appartement, tu vas pouvoir apprendre de nouveaux mots (quelle chance !) :

a flat	un appartement
the balcony	le balcon
the lift	l'ascenseur
on the 5th floor	au 5e étage
on the ground floor	au rez-de-chaussée

So, where is my room?

Bon, ce n'est pas tout mais tu ne sais toujours pas où tu vas dormir et tu commences à t'inquiéter. Ont-ils prévu une chambre ou un coin de canapé ? La cabane au fond du jardin ? Rassure-toi, c'est là !

This is your room.
Voici ta chambre.

You're sharing your room with Ben.
Tu vas partager ta chambre avec Ben.

You will sleep in the bunk beds.
Tu vas dormir dans les lits superposés.

Is that ok?
Ça te va ?

Tu jettes un coup d'œil furtif à ta nouvelle chambre. Tu restes stoïque devant la multitude de bibelots. Si tu en casses un, s'en rendront-ils compte ? Il y en a tellement ! D'ailleurs, peuvent-ils se casser sur une moquette aussi épaisse ? Et la housse de couette ? Pourras-tu dormir au milieu de ce champ de fleurs ? Tu sens posés sur toi des regards interrogateurs. Ils sont impatients d'entendre tes commentaires enthousiastes :

Check out my front garden!

Les Anglais dépensent des fortunes pour leur jardin. Plantes rares, paniers suspendus remplis de fleurs, mini-fontaines style Renaissance, nains de jardin (garden gnomes), tout est bon pour impressionner les passants et rivaliser avec les voisins.
Le jardin qui donne sur la rue (the front garden) est une sorte de carte de visite. Il en dit long sur les habitants de la maison...

Plugs and sockets
Prises de courant

Les prises de courant (plug qu'on branche, socket au mur) sont différentes de celles utilisées en France. N'oublie pas d'apporter un adaptateur si tu veux recharger ton portable ! Sur les prises murales, il y a souvent un interrupteur qui coupe l'alimentation par mesure de sécurité.

Make yourself at home...

It's great, thanks.
C'est très bien, merci.

It's a nice room.
C'est une belle chambre.

Il n'y a pas de volets aux fenêtres, normal, il est rare d'en trouver dans les maisons britanniques, mais tu pourras toujours tirer les jolis rideaux assortis à la housse de couette. Quoi d'autre ? Petit inventaire :

a cupboard	un placard
a wardrobe	une armoire
a desk	un bureau
a lamp	une lampe
a chest of drawers	une commode
a bed	un lit
a bedside table	une table de chevet

Tu veux savoir à quoi ressemble ta série télé préférée en anglais ? Il faudra allumer la télé pour le savoir...

How do you switch on the television?
Comment est-ce qu'on allume la télévision ?

Where is the remote control?
Où est la télécommande ?

Maintenant, vide ta valise et range tes affaires, cela sera une bonne chose de faite.

Where can I put my clothes?
Où est-ce que je peux ranger mes vêtements ?

Can I use this cupboard?
Je peux prendre ce placard ?

Faisons le point sur le vocabulaire des vêtements en anglais ; une occasion pour toi de vérifier que tu n'as rien oublié :

trousers (pl)	un pantalon
jeans (pl)	un jean
a skirt	une jupe

a dress	une robe
a jumper	un pull
a top	un haut
a T-shirt	un tee-shirt
a coat	un manteau
a jacket	une veste/un blouson
socks	des chaussettes
shoes	des chaussures
boots	des bottes
tights (pl)	un collant
knickers (pl)	une culotte
boxer shorts (pl)	un caleçon
a bra	un soutien-gorge
pyjamas (pl)	un pyjama

Is the bathroom free?

La salle de bains est à côté de ta chambre – bien pratique ! Une fois la lumière allumée (c'est une corde sur laquelle on tire, pas un interrupteur !) tu peux toujours demander comment marche la douche et t'éviter un choc glacé demain matin :

How does the shower work?
Comment marche la douche ?

Can I take a bath later on?
Est-ce que je pourrais prendre un bain un peu plus tard ?

Can I use the bathroom?
Je peux aller dans la salle de bains ?

Can I borrow some soap/shower gel/shampoo?
Je peux emprunter du savon/gel douche/shampooing ?

Can I borrow a towel?
Je peux emprunter une serviette ?

I forgot my toothpaste.
J'ai oublié mon dentifrice.

I need to buy a toothbrush.
Il faut que je m'achète une brosse à dents.

Nice clean clothes

Bizarre, bizarre... À la maison, tu laisses tes vêtements sales en vrac n'importe où et tu les retrouves quelques jours plus tard dans ton placard, lavés, repassés et pliés !... Ici, pas de miracle, ils vont rester par terre et s'entasser au fil des jours... Non seulement tu vas confirmer que les Français sont cracra mais tu n'auras rapidement plus rien à te mettre... même si ta mère a prévu large...

What shall I do with my dirty clothes?
Qu'est-ce-que je fais de mon linge sale ?

Where is the laundry basket?
Où est le panier à linge sale ?

Would you mind washing this for me?
Ça vous dérangerait de laver ça pour moi ?

Can I wash some clothes?
Je peux faire une lessive ?

Some more questions

Il est temps d'appeler tes parents ! Tu sais à peu près te repérer, tu as vidé ta valise, tu maîtrises tout ce qui concerne les clés et les interrupteurs, tu peux donc les rassurer : TOUT VA BIEN !!!

Can I call my parents, please?
Est-ce que je peux appeler mes parents, s'il vous plaît ?

Can I send my parents an email?
Je peux envoyer un mail à mes parents ?

Can I check my emails?
Je peux consulter mes mails ?

Do you have Skype?
Vous avez Skype ?

I know how to do it.
Je sais comment faire.

L'indicatif de la France depuis l'étranger est le 00 33. Pour téléphoner à tes parents, compose le 00 33, suivi de ton numéro sans le 0. Si tu préfères téléphoner d'une cabine, tu peux acheter une carte téléphonique (a phone card) et t'en servir à l'extérieur. On les trouve dans les supermarchés (les demander à la caisse) et chez les marchands de journaux (newsagents).

I'd like a phone card, please.
Je voudrais une carte téléphonique, s'il vous plaît.

Where is the phone box?
Où est la cabine téléphonique ?

Allez ! On va bientôt manger, tu as encore 5 minutes pour faire...

QUIZ Un petit quiz pour terminer !

Trouve l'intrus dans ta trousse de toilette (toiletry bag) :

- ○ **toothpaste**
- ○ **toothbrush**
- ○ **hairbrush**
- ○ **candle**
- ○ **soap**

Comment dirais-tu « Est-ce que je peux appeler mes parents ? »

....

Tu veux aller au 4e étage. Sur quel bouton appuies-tu ?

○ **En Grande-Bretagne**	**4**	**5**
○ **Aux USA**	**4**	**5**

4

Hungry?

I'm very hungry...

Tes vêtements sont rangés, tes parents rassurés. Assis(e) en tailleur sur ton lit, tu fixes le mur depuis un moment quand tu vois les fleurs roses du papier peint tourner autour de la pièce... Ce n'est pas une hallucination, c'est normal... tu as faim ! (Le papier peint à fleurs fait toujours cet effet, les rayures aussi d'ailleurs !) Il est temps, tel le chasseur-cueilleur, d'aller à la recherche de nourriture...

What would you like?

La cuisine britannique n'a pas très bonne réputation, c'est le moins qu'on puisse dire. Tes parents t'ont longuement raconté les petits pois (green peas) phosphorescents, la jelly tremblotante et la sauce à la menthe (mint sauce) qu'ils ont dû ingurgiter pendant leur séjour. Ils en sont encore tout secoués. Oublie ! C'était avant ! Les choses ont évolué en trente ans et la nourriture en Angleterre est souvent bonne même si elle est différente de ce que tu manges à la maison. La découverte te fait peur, petit Français ?

Tes hôtes ont compris ton problème, ils te demandent :

Are you hungry?
Tu as faim ?

Are you feeling peckish?
Tu as un petit creux ?

What would you like?
Tu voudrais quoi ?

Would you like something to eat?
Tu veux quelque chose à manger ?

Les petits pièges à éviter

Les « chips » françaises sont ici des crisps.
Les « frites », des chips [tchipse] ! Bon, c'est toujours des pommes de terre !

Something to eat?

Tu n'as rien avalé depuis le paquet de chocolat géant acheté sur le ferry. Tu vas pouvoir répondre :

Yes, I'm (very) hungry.
Oui, j'ai (très) faim.

Yes, I could eat a horse!
Oui, j'ai une faim de loup !

I'm not sure what to have.
Je ne sais pas quoi prendre.

What have you got?
Qu'est-ce que vous avez ?

En revanche, si tes regards appuyés sur le frigidaire les laissent de marbre, tu peux toujours demander :

Could I have something to eat?
Je peux avoir quelque chose à manger ?

I'd like something to drink, please.
J'aimerais bien boire quelque chose, s'il vous plaît.

Could I have a snack, please?
Je peux grignoter un petit quelque chose, s'il vous plaît ?

Le petit point de grammaire : I'm hungry / I'm thirsty

Pour exprimer la faim, la soif, l'envie de dormir, la peur, etc., on utilise en anglais le verbe « être » (to be) et non le verbe « avoir ». Mot à mot, on dirait plutôt : « je suis affamé(e), assoiffé(e), ensommeillé(e), apeuré(e) ».

Are you hungry?	Tu as faim ?
I'm thirsty.	J'ai soif.
I'm not sleepy.	Je n'ai pas sommeil.
Don't be scared.	N'aies pas peur.

Les petits pièges à éviter

En anglais, le mot **tea** veut bien entendu dire « thé », mais on l'utilise aussi pour parler du « dîner ». Alors ne sois pas surpris(e) d'entendre ces phrases :

It's tea time!
C'est l'heure de dîner !

We're having chicken for tea.
On va manger du poulet ce soir.

Something to eat?

Just a snack

S'il n'est pas encore l'heure de manger, on te proposera sans doute un snack. Voici quelques grands classiques de la nourriture « sur le pouce » :

cheese toastie	sorte de croque-monsieur sans le jambon
beans on toast	haricots blancs à la sauce tomate sucrée, servis sur du pain grillé
a scone	un petit gâteau aux raisins secs, souvent coupé en deux et servi avec de la crème
a bar of chocolate	une barre de chocolat
a packet of crisps	un paquet de chips
biscuits [bis-kits]	des biscuits

Let's eat!

Plutôt qu'un snack, on te propose carrément de passer à table. Tu vas enfin pouvoir goûter (et apprécier !) les incontournables de la gastronomie britannique.

Rappel des différents repas :

breakfast	le petit déjeuner
elevenses	le « petit en-cas » de dix heures

(oui, eleven veut dire « onze » mais c'est quand même un dix-heures !)

lunch	le déjeuner
dinner	le dîner
supper	le souper

Tu regardes ta montre, tu crois rêver, il n'est que 18 h... Tu n'avais jamais dîné si tôt depuis ta dernière varicelle ! Tu vas vite t'y faire car le déjeuner (lunch) est en général léger et tu auras

What flavour crisps do you like?

Les Britanniques ne se contentent pas du goût « salé » (ready salted), pour leurs chips (crisps). Loin de là. On trouve tout un choix de paquets individuels dont les goûts (flavours) peuvent parfois laisser perplexes : salt and vinegar (goût sel et vinaigre), prawn cocktail (goût crevettes), beef and mustard (goût steak et moutarde), smoky bacon (goût bacon fumé), cheese and onion (goût fromage et oignon), roast chicken (goût poulet rôti).

faim. Tu pourras encore grignoter quelque chose vers 21 h avant d'aller au lit. Pas très bon pour la ligne...

What do you like to eat?

Te voici donc à table. Dans ton assiette, un dîner typique, meat and three veg (viande et 3 légumes, en général des pommes de terre, des carottes et des petits pois).

Pour ce premier repas, on ne t'a pas demandé ton avis. Peut-être te le demandera-t-on pour les suivants :

What do you like to eat?
Qu'est-ce que tu aimes manger ?

Do you like Italian/Chinese food?
Tu aimes la cuisine italienne/chinoise ?

I love pizza.
J'adore la pizza.

Bien sûr, tu es ravi(e) et impatient(e) de goûter à toutes ces choses nouvelles mais un régime particulier, une allergie, une incompatibilité t'obligent peut-être à devoir refuser certains plats. Dès ton arrivée, préviens la maîtresse de maison :

I don't like fish.
Je n'aime pas le poisson.

I'm a vegetarian.
Je suis végétarien(ne).

I'm allergic to peanuts.
Je suis allergique aux cacahuètes.

I am gluten intolerant.
J'ai une intolérance au gluten.

I can't eat dairy products.
Je ne peux pas prendre de produits laitiers.

I don't eat pork.
Je ne mange pas de porc.

I like everything.
J'aime tout.

Fish and chips

Le fish and chips (filet entier de poisson frit en beignet, accompagné de frites... molles !), l'un des plats favoris en Grande-Bretagne, est acheté dans un magasin qui ne fait que de la friture (a fish and chip shop). Le poisson et les frites sont emballés dans du papier et parfois servis avec une purée de pois (mushy peas). À manger dans la rue ou à rapporter chez soi en vitesse avant que ça ne refroidisse. Tes parents en ont un souvenir ému. Tu vas adorer !

Curry

Il existe des liens historiques forts entre l'Inde (ancienne colonie britannique) et la Grande-Bretagne où vit une importante population d'origine indo-pakistanaise.

Pour cette raison, l'autre plat préféré des Anglais est le curry. C'est une viande (poulet ou agneau) cuite dans une sauce plus ou moins épicée, servie avec du riz (rice) et un pain plat indien, le naan bread.

Voici quelques noms de grands favoris : chicken korma (poulet dans une sauce de noix de coco, le curry le moins épicé), lamb rogan josh (agneau dans une sauce tomate et oignons, un peu plus relevé), chicken vindaloo (poulet dans une sauce aux piments, à éviter, trop fort pour le commun des mortels !).

Can I help?

Tu es bien élevé(e), tu proposes donc ton aide. Au cas où tu aurais oublié, voici un petit rappel de ce que l'on trouve dans une cuisine (kitchen) :

a cooker	une cuisinière
a fridge/refrigerator	un frigo/réfrigérateur
a freezer	un congélateur
a sink	un évier
a dishwasher	un lave-vaisselle
an oven	un four
a microwave (oven)	un (four à) micro-ondes
a toaster	un grille-pain
a cupboard	un placard
a drawer	un tiroir
a table	une table
a chair	une chaise

Et puis qu'est-ce qu'on trouve dans les placards et les tiroirs ? Voici une petite liste qui te rafraîchira la mémoire :

a plate	une assiette
a knife	un couteau
a fork	une fourchette
a spoon	une cuillère
a glass	un verre
a bowl	un bol
a napkin	une serviette
a pan	une casserole
a frying pan	une poêle
a tin opener	un ouvre-boîtes

OK, tu as tout en tête ? Tu peux te lancer alors, et faire bonne impression. Ah, si tes parents te voyaient... comme ils seraient fiers.

Something to eat?

Can I help?
Est-ce que je peux aider ?

Can I help you to prepare the meal?
Puis-je vous-aider à préparer le repas ?

Tu peux aussi proposer ton aide pour les tâches suivantes :

to lay the table	mettre le couvert
to clear the table	desservir
to do the washing up	faire la vaisselle
to load the dishwasher	remplir le lave-vaisselle
to take the rubbish out	sortir la poubelle

Ce premier repas était délicieux, félicite la cuisinière :

It was delicious!
C'était délicieux !

Could I have some more?
Puis-je en avoir encore un peu ?

Could I have the recipe [rai-si-pi] for this dish?
Pourrais-je avoir la recette de ce plat ?

En revanche, si tu n'as pas apprécié ton dîner, tu te trouveras dans une situation un peu délicate. Le chien de la maison ayant absolument refusé de les manger, comment faire disparaître discrètement les brocolis bouillis de ton assiette ?

Comment les mettre dans la poubelle (the bin) sans horriblement vexer la maîtresse de maison ? Tiens, puisqu'on parle « poubelle », avant de jeter quoi que ce soit, informe-toi du tri sélectif (to do the recycling). Où mettre les ordures ménagères (the rubbish) ? Quelle est la couleur des bacs réservés au carton, au verre, au plastique ?

Where is the bin?
Où est la poubelle ?

Do you recycle this, or is it rubbish?
Vous recyclez ceci, ou est-ce que ça va à la poubelle ?

Do you recycle glass/cardboard/plastic?
Vous triez le verre/carton/plastique ?

This is the container for tins.
Voici le récipient pour les boîtes de conserve.

Tu rêves maintenant d'aller te coucher mais tes hôtes te montrent le salon, une grande soirée t'attend... mais, avant de t'effondrer...

QUIZ Un petit quiz pour terminer !

Barre les objets qui n'ont pas leur place dans la cuisine.

- ○ fridge
- ○ toaster
- ○ bin
- ○ microwave
- ○ toothbrush
- ○ bowl
- ○ vinegar
- ○ bunk beds
- ○ fork
- ○ remote control

Mets ces emballages dans la bonne poubelle :

- ○ a water bottle
- ○ an empty tin of baked beans
- ○ old broccoli
- ○ a can of Pepsi®

5

Sleepy?

Il n'est que sept heures du soir. Le dîner est terminé, la vaisselle faite et rangée. On dîne encore plus tôt qu'à l'hôpital, ici ! Que vas-tu bien pouvoir faire de ta soirée ? Tu pourrais te frotter les yeux, bâiller (yawn) puis t'éclipser discrètement, mais l'idée de te coucher avec les poules te déprime. L'autre option, bien sûr, c'est de passer la soirée en compagnie de ta famille d'accueil. Où se trouve le salon, déjà ?

The living room

Tu essaies une ou deux portes, et finalement tu entres dans une pièce au décor disons... chargé : moquette à fleurs, un énorme canapé, un téléviseur, une cheminée (a fireplace) avec des bûches en plastique (c'est écolo de brûler du plastique ?), une table basse (a coffee table) avec des journaux (newspapers), des étagères avec une multitude de petits bibelots dont une assiette représentant le prince William et Kate en mariés... Pas de doute, tu as trouvé le salon ! Come in!

Can I come in?
Je peux entrer ?

Of course! Take a seat!
Bien sûr ! Assieds-toi !

Make yourself at home!
Fais comme chez toi !

Le canapé te tend les bras. Les napperons en dentelle, on les enlève ou on peut s'asseoir dessus ?... Au fait, comment dit-on « canapé » déjà ? Allez, petit rappel de vocabulaire :

- **the lounge** le salon
- **the living room** le salon
- **a settee** un canapé
- **a sofa** un sofa
- **an armchair** un fauteuil
- **a bookcase** une bibliothèque
- **a lamp** une lampe

Getting to know you

Cette première soirée va être l'occasion de mieux vous connaître (to get to know one another). Tu aimerais bien savoir ce qui t'attend pendant ton séjour, ce que tes hôtes ont prévu pour toi. Cela peut aussi être le moment de leur parler de tes goûts, de tes envies. Pose des questions ! La curiosité n'est jamais un vilain défaut quand il s'agit de mieux connaître un pays, une culture. Et puis, cela va te tenir éveillé(e) !

What sort of town is Brighton?
C'est quel type de ville, Brighton ?

What will we be doing over the next few days?
Qu'est-ce que nous allons faire ces jours-ci ?

What is there to visit?
Qu'est-ce qu'il y a à visiter ?

We'll visit the museum.
Nous allons visiter le musée.

What things are from around here?
Qu'est-ce qu'il y a de typique, ici ?

Are there any traditional festivals?
Y a-t-il des fêtes traditionnelles ?

Tes hôtes aussi ont certainement envie de mieux te connaître :

What is your hometown like?
Comment est la ville où tu habites ?

Les petits pièges à éviter

Attention à la traduction de « cheminée » : chimney est sur le toit. Dans le salon, on trouve the fireplace (l'âtre).

It's a quiet/industrial town.
C'est une ville calme/industrielle.

It's a city.
C'est une grande ville.

It's the capital of the country.
C'est la capitale du pays.

It's a tiny village.
C'est un tout petit village.

Do you like living in Rennes?
Tu aimes vivre à Rennes ?

Yes, there's lots to do, and I'm in a good school.
Oui, il y a beaucoup de choses à faire, et je suis dans une bonne école.

Let's watch TV!

C'est toujours intéressant de regarder la télévision à l'étranger. On apprend beaucoup de choses sur le pays : ce qui divertit, intéresse ou fait rire ses habitants. Bien que l'on retrouve parfois les mêmes publicités, les mêmes jeux, c'est forcément différent. Allez, tu as le droit de la regarder pour une fois !

What do you like to watch on TV?
Qu'aimes-tu regarder à la télévision ?

What's your favourite TV programme?
Quelle est ton émission de télévision préférée ?

I like to watch...
J'aime regarder...

films	les films
the news	les informations
adverts	les publicités
documentaries	les documentaires
game shows	les jeux télévisés
series	les séries
reality shows	les émissions de télé-réalité

Soap operas

Si tu regardes la télévision en début de soirée en Grande-Bretagne, tu tomberas tôt ou tard sur un épisode de Coronation Street ou bien d'Eastenders. Ce sont deux « soaps » qui passent depuis des dizaines d'années et qui sont regardés par plusieurs millions de téléspectateurs. Le premier, retransmis sur ITV, se passe dans une rue de Manchester (ville du nord-ouest de l'Angleterre), et le second, sur BBC1, suit la vie de plusieurs familles dans la banlieue est (the East End) de Londres. Ces deux soaps sont en concurrence.

British TV

La BBC (British Broadcasting Corporation) est un organisme public qui regroupe de nombreuses chaînes de télévision et stations de radio. Grâce au financement par la redevance audiovisuelle, la publicité en est totalement absente.

BBC1 et BBC2 sont les chaînes les plus regardées, mais il existe aussi d'autres chaînes visant un public moins large comme BBC4 (l'équivalent d'Arte), ou CBBC et Cbeebies, les chaînes pour les enfants. En plus des stations de radio régionales, la BBC propose 7 stations de radio nationales, diffusant de la musique classique, rock, pop, des informations, du sport et des pièces radiophoniques. Visite le site de la BBC (www.bbc.co.uk) pour en savoir plus.

Let's watch a film!

On va sûrement te demander quel genre de films tu aimes : tu vas devoir rassembler tes connaissances, tant cinématographiques que linguistiques !

What kind of films do you like?
Quel genre de films aimes-tu ?

I like/don't like...
J'aime/je n'aime pas...

I can't stand...
Je ne supporte pas...

comedies	les comédies
romcoms	les comédies romantiques
thrillers	les thrillers
action movies	les films d'action
horror films	les films d'horreur
cartoons	les dessins animés

An evening together

animation films	les films d'animation
dramas	les drames
period dramas	les drames historiques
3D films	les films en 3D
science-fiction films	les films de science-fiction
sci-fi films	les films de science-fiction
crime films	les films policiers

L'expression qui sauve

La plupart des émissions sont sous-titrées pour les malentendants. Quand tu regardes la télévision ou un DVD avec ta famille d'accueil, demande-leur de mettre les sous-titres (pas en français, évidemment !!!), cela t'aidera à comprendre les dialogues : **Can you put the subtitles on?**

What do you think?

Te sens-tu capable, d'ores et déjà, de tenir une conversation sur tes goûts en matière de cinéma ? Pourquoi pas ? Voici quelques phrases pour t'aider à commencer la discussion :

Do you like action movies?
Aimez-vous les films d'action ?

What is it about?
De quoi est-ce que ça parle ?

It's about...
Il s'agit de...

It takes place in...
Ça se passe à/en...

I've forgotten the title.
J'ai oublié le titre.

Vous pouvez évoquer ensemble des films que vous avez vus à la télé ou loués en DVD :

Did you enjoy the last Sherlock Holmes film?
Avez-vous aimé le dernier Sherlock Holmes ?

Have you seen "Mission Impossible"?
Avez-vous vu « Mission Impossible » ?

I thought it was boring/too long.
Je l'ai trouvé ennuyeux/trop long.

I don't like this actor.
Je n'aime pas cet acteur.

She's my favourite actress.
C'est mon actrice préférée.

British cinema

Bien que tous les genres soient présents dans le cinéma britannique, on retient surtout les comédies (les films des Monty Python, Quatre mariages et un enterrement, The Full Monty), avec l'inimitable humour anglais, ainsi que les films réalistes de metteurs en scène comme Ken Loach et Mike Leigh.

Les films britanniques les plus célèbres sont probablement la série des films de James Bond, et bien entendu de l'autre héros, un peu plus jeune, Harry Potter.

Peux-tu citer des acteurs britanniques ? Il y a bien sûr Charlie Chaplin (ça ne nous rajeunit pas !), Sean Connery (le plus connu des James Bond), Julie Andrews (ou « Mary Poppins »), Colin Firth, Kate Winslet… et des centaines d'autres ! Beaucoup d'acteurs anglais mettent au point leur accent américain pour aller faire carrière à Hollywood.

Nous te conseillons…

Si tu en as l'occasion, essaie de voir (en VO, évidemment) un des films de Wallace et Gromit avant de partir : une excellente initiation à l'humour anglais ! Dans A close shave (Rasé de près), l'inventeur farfelu Wallace et son fameux chien Gromit tentent d'élucider le mystère des moutons qui disparaissent, et d'échapper aux griffes d'un chien diabolique. Un film britannique d'animation plein de détails drôles et avec un héros on ne peut plus british, qui malgré ses aventures a toujours le temps de dire à son chien : How about a nice cup of tea, Gromit? Son invention du canon à porridge est géniale et très pratique à l'heure du petit déjeuner.

Et si tu n'as rien contre les scènes un peu gore, essaie aussi Shaun of the Dead, une comédie qui raconte l'histoire d'un type un peu raté d'une banlieue de Londres, qui se rachète lorsqu'un jour Londres est envahie par des zombies. Il décide alors de sauver sa famille et ses copains et de les emmener se réfugier… au pub ! Et comme on est en Angleterre, on tue les zombies à coups de batte de cricket, of course!

Charades!

Charades en anglais n'a, à part le nom, aucun rapport avec nos charades françaises. Un joueur, uniquement par le mime, doit faire deviner à d'autres joueurs un titre de film, de roman, de pièce de théâtre ou d'émission de télé. Il peut mimer le titre en entier, ou un mot à la fois. On y joue le plus souvent à Noël, quand la famille est réunie. Voir grand-père gambader autour du salon pour évoquer Bambi peut être un grand moment !

Shall we play a game?

Comme en France, il n'y a parfois (souvent ?) rien à la télé. Dans ce cas, pourquoi ne pas faire un jeu ? Tu peux toujours proposer l'idée :

Shall we play a game?
Et si on jouait à un jeu ?

What games do you have?
Quels jeux avez-vous ?

I don't know the rules.
Je ne connais pas les règles.

Can you teach me how to play?
Vous pouvez m'apprendre à y jouer ?

Let's play Monopoly®!
Jouons au Monopoly® !

Can we play on your Wii®?
Est-ce qu'on peut jouer à la Wii® ?

Et voici quelques idées...

to play cards	jouer aux cartes
to play chess	jouer aux échecs
to play draughts	jouer aux dames

Et voilà : tu as dévalisé tes hôtes en raflant Mayfair et Park Lane, les rues les plus chères du Monopoly® anglais. Ils te proposent une partie de Scrabble® [scra-beule] ? Ils veulent se venger ! Refuse poliment, tu n'as pas assez de vocabulaire encore, attends la fin de ton séjour.

Good night!

Pas mal pour une première soirée... Tu es épuisé(e) mais tu t'en es plutôt bien sorti(e). Tu mérites d'aller enfin te coucher et mettre au repos ton pauvre cerveau qui commence à sentir le roussi. Il est temps de dire bonsoir. Rappelle-toi : no kiss!

An evening together

It's time for bed.
C'est l'heure d'aller se coucher.

Let's go to bed!
Allons nous coucher !

Good night!
Bonne nuit !

Sweet dreams!
Fais de beaux rêves !

Sleep tight!
Dors bien !

See you tomorrow!
À demain !

Tu sais que si on ne te réveille pas tu peux dormir deux jours. Pas question de louper le petit déj !

At what time is breakfast?
À quelle heure est le petit déjeuner ?

It's at eight o'clock.
C'est à 8 heures.

Can you wake me up?
Pouvez-vous me réveiller ?

Si une fois au lit tu n'arrives pas à t'endormir, tu peux toujours faire...

QUIZ Un petit quiz pour terminer !

Comment dirais-tu « Je ne supporte pas les films d'horreur » ?

....

Cherche l'intrus : parmi ces grandes figures du cinéma, une n'est pas née au Royaume-Uni. Laquelle ?

- ❍ **Charlie Chaplin**
- ❍ **Alfred Hitchcock**
- ❍ **Tom Cruise**

6

Wake up!!

C'est le matin. Tu ouvres un œil et aaaAAAH ! Tu t'aperçois que pendant ton sommeil un commando de mamies-ninjas s'est infiltré dans ta chambre pour la transformer à coups de papier peint à grosses fleurs, de moquette multicolore et de rideaux à froufrous. Elles ont même poussé le vice jusqu'à broder de la dentelle tout autour de ton oreiller et de ta housse de couette !

Ah, mais non... ça te revient maintenant. Tu n'es pas dans ta chambre, tu es en Angleterre ! Et tu viens de te réveiller dans une chambre au décor typiquement british.

Time to wake up!
C'est l'heure de se lever !

Wakey wakey!
Réveille-toi !

Ah, on t'appelle... Le soleil est déjà levé, mais bien caché derrière les nuages. C'est l'heure de se lever et d'aller prendre le petit déjeuner (breakfast). De drôles d'odeurs viennent de la cuisine. Sucré ? Salé ? Friture ? Les trois à la fois ? Allez, courage, tu trouveras sûrement quelque chose de mangeable !

Did you sleep well?

On n'est pas tous matinaux, mais puisque tu es en Angleterre pour parler anglais, et qu'on t'adressera sûrement la parole au petit déjeuner, voici quelques phrases à reconnaître :

Good morning!
Bonjour !

How are you this morning?
Comment ça va ce matin ?

Une fois que tu t'es remis(e) du choc de trouver tout le monde habillé alors que tu es encore en pyjama (ils auraient pu te prévenir !!!), tu peux toujours répondre :

I'm fine, thanks!
Ça va bien, merci !
I'm still a bit tired.
Je suis encore un peu fatigué(e).
I'm still asleep!
Je ne suis pas encore réveillé(e) !
I slept well, thank you.
J'ai bien dormi, merci.

What would you like to eat?

Les Anglais aiment bien le petit déjeuner, peut-être parce que leur déjeuner de midi est plus léger qu'un déjeuner français. En général, on mange des céréales ou des toasts. Remarque que sur la table il y a une petite assiette à côté de ta tasse : c'est pour les toasts. On ne pose pas son pain sur la table en Grande-Bretagne, pour raison d'hygiène.

Les Français ont la réputation d'être un peu cracra, donc si tu t'oublies à poser ton pain à même la table, tu ne surprendras tes hôtes qu'à moitié (ah, ces Français...).

On te demandera peut-être quel pain tu préfères : white bread or brown bread? (pain blanc ou pain complet ?). C'est en général du pain de mie grillé, et coupé en diagonale pour être servi en triangles. Mais qu'est-ce qu'on va manger au fait, à part du pain ? Voici un petit rappel du vocabulaire – tu connais peut-être déjà !

Is it butter?

La margarine (prononcée « mar-djeu-rine ») n'est pas utilisée que pour la cuisson en Angleterre ; elle est souvent servie à la place du beurre, pour tartiner son pain. Il existe même une marque de margarine qui s'appelle I can't believe it's not butter!® (« Je n'en reviens pas que ce ne soit pas du beurre ! »). Ouais... à toi de voir si tu arrives à faire la différence.

It's breakfast time

I would like some toast!

butter	le beurre
margarine	la margarine
jam	la confiture
honey	le miel
marmalade	la confiture d'oranges
sugar	le sucre
bread	le pain
toast	les toasts, le pain grillé
cereal	les céréales
porridge	bouillie d'avoine chaude

Quelques phrases utiles, à reconnaître et à utiliser :

What would you like to eat?
Qu'est-ce que tu veux manger ?

I would like some toast.
Je voudrais des toasts.

I'd like some cereal, please.
Je voudrais des céréales, s'il vous plaît.

I don't like honey.
Je n'aime pas le miel.

I love cornflakes!
J'adore les cornflakes !

Can I try some porridge?
Je peux goûter au porridge ?

Yucky or yummy

(beurk… ou miam-miam)

On n'étale pas que de la confiture sur les toasts en Grande-Bretagne – il existe aussi la Marmite® (prononcé « mar-maille-te »). C'est une pâte à tartiner salée à base de levure qui divise la nation britannique : soit on adore, soit on déteste ! Essaie donc un matin, pour voir à quel clan tu appartiens !

We love cornflakes!!!

Full English breakfast

C'est un petit déjeuner copieux que les Anglais mangent parfois, surtout le week-end quand on a un peu plus de temps le matin pour cuisiner. Si on te le propose, ne panique pas. Rappelle-toi que tu n'as déjà pas beaucoup mangé hier soir (ce n'était pas très appétissant), et que le paquet de Chocos que maman a mis dans ta valise, il va falloir commencer à le rationner si tu veux qu'il te dure toute la semaine. Et puis, tu es en Grande-Bretagne pour une expérience culturelle, alors on se lance et on essaie le petit déjeuner anglais !

Voici en quoi il consiste :

bacon	du bacon (fines tranches de lard fumé grillées)
sausages	des saucisses
baked beans	des haricots blancs à la sauce tomate
mushrooms	des champignons
tomatoes	des tomates (grillées)
fried bread	du pain frit
haggis	farce à base d'abats, de céréales et d'épices, surtout servie en Écosse

Et des œufs, au choix :

a soft-boiled egg	un œuf à la coque
a fried egg	un œuf sur le plat
a poached egg	un œuf mollet
scrambled eggs	des œufs brouillés

Le tout est servi dans une grande assiette, avec un couteau et une fourchette. C'est un curieux mélange sucré-salé, qu'on peut même assaisonner au ketchup (on dit pareil en anglais) ou à la brown sauce (une sauce marron assez épicée). Si tu ne te sens pas d'attaque, tu peux toujours demander qu'on ne te serve que des valeurs sûres, comme des œufs (ça doit avoir le même goût qu'en France, non ?), plutôt que toute la panoplie œuf-bacon-haricots-champignons-saucisse-haggis !

What would you like to drink?

Tea (le thé) – il te sera sûrement proposé, parce qu'en Grande-Bretagne même les ados en boivent au petit déjeuner. Il est toujours servi avec du lait. Si tu n'es pas fan de thé, et si on te demande :

What would you like to drink?
Qu'est-ce que tu veux boire ?

Would you like a cup of tea?
Tu veux une tasse de thé ?

Tu peux toujours répondre :

Can I have some apple juice, please?
Je peux avoir du jus de pommes, s'il vous plaît ?

Can I have some orange juice, please?
Je peux avoir du jus d'oranges, s'il vous plaît ?

I'd like some milk.
Je voudrais du lait.

I'd like some hot chocolate.
Je voudrais du chocolat chaud.

I don't want any tea.
Je ne veux pas de thé.

I don't drink coffee.
Je ne bois pas de café.

Les petits pièges à éviter

white coffee – c'est du café au lait, pas du « café blanc ».

Would you like a cup of tea?

Le petit point de grammaire : some / any

On utilise some et any pour traduire « du, de la, des, de ».

Some est utilisé dans les phrases affirmatives et dans les questions.
I'd like some milk. Je voudrais du lait.

Any est utilisé dans les négations :
I don't want any mushrooms. Je ne veux pas de champignons.

Have you had enough to eat?

Ton assiette est vide, et tu peux aller te préparer. Quant à la saucisse cachée dans ta serviette, tu pourras toujours aller la jeter discrètement à la poubelle un peu plus tard, ou la donner au chien... Voici quelques phrases que tu pourrais entendre avant de sortir de table :

Have you had enough to eat?
Tu as assez mangé ?

Would you like another piece of toast?
Tu veux une autre tranche de pain grillé ?

Would you like some more tea?
Tu veux encore du thé ?

Et pour répondre, voici quelques idées :

I've had enough, thanks.
J'ai assez mangé, merci.

I don't want any more bread, thanks.
Je ne veux plus de pain, merci.

It was nice, thank you!
C'était bon, merci !

On te demandera peut-être ce que tu as de prévu aujourd'hui :

What are you doing today?
Qu'est-ce que tu vas faire aujourd'hui ?

Where are you going today?
Où est-ce que tu vas aujourd'hui ?

Tu peux répondre en disant :

I'm going to visit a castle/a museum.
Je vais visiter un château/un musée.

We're going to Cambridge.
On va à Cambridge.

It's breakfast time

I can't remember!
Je ne me rappelle plus !

Et puis :

See you tonight!
À ce soir !

Have a good day!
Bonne journée !

Un petit quiz pour terminer !

Comment dirais-tu « Je voudrais du bacon » en anglais ?

....

Tu n'en peux plus, tu as trop mangé, ton jean va craquer.

Tu dis :

- ○ **I've done enough, thanks.**
- ○ **You've had enough, thanks.**
- ○ **I've had enough, thanks.**

Question subsidiaire ! En anglais, les coqs ne crient pas « cocorico », ils disent :

- ○ **Moo!**
- ○ **Cockle-doodle-doo!**
- ○ **Quack! Quack!**

7

Have a good day!

Il y a de l'agitation dans la maison. Ta famille se prépare à aller au travail ou à l'école, on a mis le chat dehors, et il est probable que tu ne vas pas y couper non plus. Aujourd'hui, au programme... école ! Tous tes copains en France sont en vacances et toi, tu vas à l'école... Super, vraiment super ! Non seulement tu dois parler anglais toute la journée, mais en plus tu te retrouves à l'école... Où est-elle ? Comment y aller ? Aucune idée ! Merci les parents de t'envoyer en classe, à l'autre bout du monde, pendant TES vacances ! Allez ! Arrête de râler ! Tu vas très bien t'en sortir. Mais il va falloir demander de l'aide. Good luck!

How do I get to...?

Tu es dans « Mission Impossible » [mi-cheune imm-po-si-beule en anglais] : il va falloir mémoriser des plans compliqués, synchroniser les montres, vérifier ton équipement (GPS, Google Earth, etc.) avant de mettre le nez dehors, et d'affronter, seul(e), cette terre étrangère... l'Angleterre..., ses bus, ses métros...

How do I get to Gordon Street?
Comment est-ce qu'on se rend à Gordon Street ?

Can you tell me the way to the Wilson Language School?
Pouvez-vous me dire comment aller à l'école de langues Wilson ?

Can you draw me a map?
Pouvez-vous me dessiner un plan ?

Les feux de circulation

En Grande-Bretagne comme en France, les feux (traffic lights) sont de trois couleurs : rouge, orange et vert. Mais pour les Anglais, le feu du milieu est « ambré » (amber). Les noms d'oiseaux échangés aux passages piétons ? Non, on est très discipliné ici et les automobilistes s'arrêtent pour te laisser passer !

Yards and miles

Tu auras déjà sûrement compris que les Anglais ne font rien comme tout le monde. Pour les distances, on se sert de yards et de miles et non pas de mètres et de kilomètres. 1 yard fait 91,44 cm (donc presque un mètre, facile), et 1 mile fait 1,6 km. Sache qu'un mile fait 1 760 yards. C'est tellement simple, on se demande pourquoi la plupart des gens sur terre se sont mis au système métrique.

How do I get to school?

Accroche-toi bien et écoute attentivement, car il n'est pas évident de se faire indiquer le chemin dans une langue étrangère...

It's quite far.
C'est assez loin.

It's near our house.
C'est près de chez nous.

You need to get the number 38 bus into town.
Il faut prendre le bus numéro 38 qui va en ville.

You can go there by foot.
Tu peux y aller à pied.

It's five hundred yards from here.
C'est à 500 mètres d'ici.

Tu n'as aucun sens de l'orientation et tu n'as pas tout compris, ça promet... Tu n'as plus qu'à espérer qu'on te propose :

I will give you a lift.
Je vais t'emmener (en voiture).

I will drop you off.
Je vais te déposer.

Si on t'indique le chemin, tu entendras ce type de phrases :

Turn left at the end of our road.
Tourne à gauche au bout de notre rue.

Go straight on until you get to the park.
Continue tout droit jusqu'au parc.

Take the second right.
Prends la deuxième à droite.

On the bus

Tu prends le bus ou le métro ? N'oublie pas tes sous, ni ces phrases :

Where is the bus stop?
Où est l'arrêt de bus ?

How do I get to school?

Where is the tube station?
Où est la station de métro ?

How much is a tube ticket?
Combien coûte un ticket de métro ?

Where do I get off?
Où est-ce que je dois descendre ?

Could you let me off here, please?
Pourriez-vous me laisser descendre ici, s'il vous plaît ?

Contrairement à ce qui se passe en France, où une masse informe se rue dès l'ouverture des portes, en Grande-Bretagne les gens se rangent sagement à l'arrêt, par ordre d'arrivée, et montent bien gentiment les uns après les autres. Pour éviter qu'on ne te fasse les gros yeux (« typical French kid »), range-toi et attends ton tour ! Don't jump the queue!

Vocabulaire pour s'orienter :

a single (ticket)	un aller simple
a return (ticket)	un aller-retour
the train station	la gare
the bus station	la gare routière
the underground	le métro
the tube	le métro
the queue [kiou]	la queue, la file d'attente
a pavement	un trottoir
a street	une rue
a road	une route
a crossroads	un carrefour
a roundabout	un rond-point
a bus stop	un arrêt de bus
a timetable	un horaire

Take the bus!

Il n'y a pas de tarif unique pour les tickets de bus en Angleterre. Le prix à payer dépend de la distance que tu veux parcourir. Pour savoir combien te coûtera ton ticket, dis au chauffeur (bus driver) où tu veux aller : A single to the bus station, please (un aller simple pour la gare routière). Il te répondra, et en espérant que tu aies compris ce qu'il t'a dit, dépêche-toi de trouver l'appoint — bien souvent, pour payer ton ticket, il faut jeter l'argent dans une caisse qui ne rend pas la monnaie.

London underground

Si tu as l'habitude de prendre le métro à Paris, tu sais que les lignes sont numérotées, et qu'elles portent le nom de la dernière station dans chaque direction (ligne 8 Balard Créteil, par exemple). Donc, pour savoir dans quel sens voyager, il suffit de trouver le terminus sur le plan et de partir dans cette direction.

À Londres, les lignes ne portent qu'un nom (Piccadilly Line, par exemple) et ont chacune une couleur différente : pour savoir dans quel sens voyager, il faut choisir une direction :

vers l'est (eastbound),
l'ouest (westbound),
le nord (northbound)
ou le sud (southbound).

Bound signifie « en direction de ».

Mind the gap

Tu verras ces 3 mots au sol dans le métro. Le verbe mind veut dire « faire attention à ». On te demande donc de ne pas tomber dans l'espace (the gap) entre le quai et la rame de métro.

What time is it?

Tous ces détails commencent à te donner la migraine et si tu n'étais pas super-motivé(e) pour aller prendre tes premiers cours de langue, tu retournerais bien te coucher. Heureusement, il en faut plus pour te faire peur !

Maintenant que tu sais à peu près dans quelle direction partir, il serait peut-être utile de savoir à quelle heure passe le bus, combien de temps il met... Pas de panique ! On est là pour ça.

Un peu de gymnastique cérébrale : comment dire l'heure en anglais ? Souviens-toi : donne les minutes d'abord, et ensuite l'heure. On dit donc « cinq minutes après huit heures » (five past eight), pour 8 h 05. On utilise past jusqu'à la demie, et to pour traduire « moins ».

What time does the bus come?
À quelle heure passe le bus ?

The bus comes at twenty past eight.
Le bus passe à huit heures vingt.

It goes every twenty minutes.
Il passe toutes les vingt minutes.

What time is it?
Quelle heure est-il ?

It's quarter past eight.
Il est huit heures et quart.

How long does the bus take to get into town?
Combien de temps met le bus pour arriver en ville ?

It only takes ten minutes.
Il ne met que dix minutes.

It's...	Il est...
eight o'clock	huit heures
five past eight	huit heures cinq
ten past eight	huit heures dix
quarter past eight	huit heures et quart

How do I get to school?

half past eight	huit heures et demie
twenty to nine	neuf heures moins vingt
quarter to nine	neuf heures moins le quart
noon	midi
midnight	minuit

Si tu veux être à l'heure (to be on time), n'oublie pas qu'il y a une heure de décalage entre la France et le Royaume-Uni. Ici, il est une heure plus tôt ! Règle ta montre, ce serait dommage d'être en retard (to be late) dès le premier jour !

Les mots qui sauvent

Un poids lourd s'est renversé sur la route et tu as été obligé(e) de faire un long détour ? Tu as gentiment aidé une vieille dame à traverser et ça t'a un peu retardé(e) ? Mieux vaut s'excuser dans ce cas :

Sorry I'm late!

Désolé(e) d'être en retard !

What's the weather like?

On dit que les Inuits ont une centaine de mots pour décrire la neige. En anglais, le vocabulaire est également très riche pour décrire la pluie et le temps en général. C'est un sujet de conversation fréquent parce que le temps est changeant, et que les Anglais sont optimistes et espèrent chaque jour voir un petit coin de ciel bleu et trois rayons de soleil. Es-tu prêt(e) à affronter les intempéries britanniques ?

What's the weather like today?
Quel temps fait-il aujourd'hui ?

It's going to rain this afternoon.
Il va pleuvoir cet après-midi.

It's overcast.
Le temps est couvert.

It's cold/hot/warm.
Il fait froid/chaud/doux.

It's a bit chilly/nippy.
Il fait un peu frisquet.

It's snowing/freezing.
Il neige/gèle.

It's freezing cold.
Il fait un froid de canard.

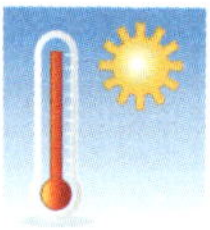

How do I get to school?

It's foggy.
Il y a du brouillard.

It's windy.
Il y a du vent.

On te donne aussi cette phrase – on ne sait jamais, tu pourras peut-être laisser ton parapluie (umbrella) à la maison !

It's sunny.
Il y a du soleil.

Look at this rainbow!

Les Anglais sont beaucoup moins frileux que nous. Ils ne veulent surtout louper aucune occasion de se mettre au soleil (entre deux averses...). Tu les verras tous en T-shirt dès qu'il y a quelques rayons, même s'il ne fait que 12 degrés...

Plus de temps à perdre ! It's time to go! Si tu t'embêtes dans le métro, tu pourras toujours faire...

QUIZ Un petit quiz pour terminer !

Comment appelle-t-on le métro londonien ?

- ○ **The queue**
- ○ **The gap**
- ○ **The tube**

Regarde Big Ben, et essaie de dire quelle heure il est.

....

8

At school

Puisque tu lis ce chapitre, on peut en conclure que tu ne t'es pas perdu(e) en chemin et que tu es arrivé(e) à bon port ; pas besoin d'envoyer la police sur tes traces, et on rappelle les hélicos. Bravo ! Tu passes donc au niveau supérieur, the language school.

Tu as attrapé le bus au vol, tu as réussi à décoder à peu près ce que t'a répondu l'homme de Cro-Magnon au volant à propos du prix du ticket, et tu es même descendu(e) à la bonne station. Si tu n'es pas encore épuisé(e) après ce périple, une matinée à l'école de langues devrait t'achever !

The language school

Tu as l'impression de te retrouver en 6e. Un peu nerveux(se), des stylos tout neufs dans ta trousse, tu ne connais personne, et tu te demandes comment va se passer cette première journée. Essayons de nous familiariser avec les lieux pour commencer :

the school	l'école
the hall	l'entrée
the reception	la réception
the office	le secrétariat
the canteen	la cantine
the classroom	la salle de classe
the computer room	la salle d'informatique
the language lab	le laboratoire de langues
the library	la bibliothèque
the staffroom	la salle des profs

Les petits pièges à éviter

« Bibliothèque » se dit library. Pour parler d'une librairie, on dira bookshop.

Your first day at school!

Drrrriiiiiinnng ! It's the bell (la cloche) ! Assieds-toi et réponds à l'appel :

Let's take the register.
Faisons l'appel.

Sonia X? – Here!
Sonia X ? - Présente !

Hugo Y? – He's not here.
Hugo Y ? - Il est absent.

Lucas Z? – Here! Sorry I'm late!
Lucas Z ? - Présent ! Désolé d'être en retard !

What do I need for school?

Voici une petite liste de fournitures scolaires.

In my school bag...	Dans mon cartable...
an exercise book	un cahier
a pencil case	une trousse
a pencil	un crayon
a pen	un stylo
a pencil sharpener	un taille-crayon
a rubber	une gomme
a ruler	une règle

In the classroom...	Dans la classe...
a desk	un pupitre
a board	un tableau
an interactive white board	un tableau blanc interactif
a computer	un ordinateur
a bench	un banc
a chair	une chaise
a student	un(e) élève

Let's begin with a test…

Rassure-toi, tu n'es pas seul(e) à te sentir like a fish out of water (comme un poisson hors de l'eau). Tout le monde est là pour la première fois et se demande, comme toi, ce qui l'attend. Tu vas probablement commencer par faire un test pour évaluer ton niveau d'anglais. Tu as bien tous tes verbes irréguliers en tête ? Let's begin! (began, begun, bravo !).

We are going to do a speaking test.
Nous allons faire un test à l'oral.

Then we'll do a writing test.
Puis nous ferons un test à l'écrit.

Oops! On dirait que les autres élèves sont moins bien organisés que toi :

Can I get a pen?
Puis-je avoir un stylo ?

Can I borrow a pencil?
Puis-je emprunter un crayon ?

Pas question de te donner les réponses… il va falloir te débrouiller tout seul ! Et pas question non plus de sécher les cours (to play truant) !

Une fois les tests corrigés, on te donnera un niveau qui correspondra à ta classe : niveau débutant, intermédiaire, avancé (beginner, intermediate, advanced level), ou un système similaire.

I don't know where to go

Normalement, tout est bien organisé, et tu n'as pas de souci à te faire. Cependant, si tu te retrouves tout(e) seul(e) au milieu d'un hall désert, ne reste pas planté(e)-là, bouche ouverte (« hein ?? »), essaie de trouver quelqu'un de moins paumé que toi et dis-lui :

Les petits pièges à éviter

« Langue » et « langage » sont traduits par language en anglais. Attention à ne pas oublier le « u » supplémentaire (ou à ne pas en ajouter un en français !).

Les petits pièges à éviter

Public school est un faux ami. En anglais cela veut dire « école privée », et non pas « école publique » (qui se dit state ou comprehensive school).

I don't know where to go.
Je ne sais pas où aller.

I don't know where my class is.
Je ne sais pas où est ma salle de classe.

I'm not sure who my teacher is.
Je ne sais pas trop qui est mon prof.

Can you take me to my class?
Pouvez-vous me conduire à ma salle de classe ?

Where are you from?

Tu te retrouves donc dans une classe avec un groupe d'élèves de ton niveau, qui ne sont sûrement pas tous français. Renseigne-toi, et commence à te faire des copains !

Which country are you from?
Tu viens de quel pays ?

What nationality are you?
Tu es de quelle nationalité ?

I'm from Spain.
Je viens d'Espagne.

I'm German.
Je suis allemand(e).

I'm Italian.
Je suis italien(ne).

I am French.
I speak French.
Les adjectifs de nationalité et les noms de langue s'écrivent toujours avec une lettre majuscule en anglais.

I am French.
Je suis français(e).

I speak French.
Je parle français.

Te voilà bien installé(e), dans une classe de ton niveau, avec un prof sympa et intéressant. On referme doucement la porte et on te laisse travailler. À tout à l'heure... à la pause déjeuner (lunch break).

Nice uniform!

Tu te rends très vite compte qu'il va être difficile de passer incognito cette semaine. Les vêtements disons un peu old-fashioned (vieux jeu) que porte ton correspondant ne sont finalement pas un choix vestimentaire un peu bizarre. Tu t'aperçois que

tous les élèves sont habillés de la même façon : chemise blanche, cravate, pantalon noir, pull bleu roi (ou une autre couleur tout aussi répugnante).

L'uniforme scolaire, qui au premier abord semble être une affreuse et cruelle punition distribuée à l'ensemble de l'école, est en fait imposé afin de mettre tous les élèves au même niveau. Ici pas de vêtements de marque – on est censé briller et se faire remarquer par son intelligence, pas par sa garde-robe.

the school uniform	l'uniforme scolaire
a tie	une cravate
trousers (pl)	un pantalon
a shirt	une chemise
a blouse	un chemisier
a skirt	une jupe
a cardigan	un gilet
a blazer	une veste

Bien entendu, tout le monde le déteste, et les élèves font ce qu'ils peuvent pour le customiser (chemise sortant du pantalon, cravate mal nouée, jupe raccourcie). L'avantage, c'est qu'on est vite habillé le matin !

What's your favourite subject?

Avant d'entrer dans le vif du sujet, on révise un peu de vocabulaire sur l'école, si tu veux t'y retrouver !

the break	la récréation
the teacher	le/la professeur(e)
a lesson	un cours
a maths lesson	un cours de maths
a desk	un pupitre

Assembly

Tu auras peut-être l'occasion d'assister à une assembly : tous les élèves et les professeurs de l'école se rassemblent dans l'assembly hall (en général le gymnase), où le principal de l'école (head teacher) s'adresse à l'ensemble de l'établissement. Il y a en général une remise de prix, des rappels divers (clubs, réunions, mais aussi des rappels à l'ordre : pas de chewing-gums, pas de maquillage), et une sorte de leçon de morale, ou un message religieux. Ça rappelle un peu l'école des années 1950 — rassure-toi, il n'y a plus de martinet !

Your first day at school!

Que te réserve cette première journée at school ? Pour commencer, la bonne nouvelle c'est qu'elle sera courte : on commence en général à 9 heures, pour finir à 15 heures. La pause déjeuner ne dure qu'une heure. Avant de te plaindre du système français, sais-tu que les grandes vacances (summer holiday) commencent fin juillet et se terminent début septembre ? Il y a moins d'heures par jour, mais aussi moins de vacances. Et on va à l'école du lundi au vendredi.

Mais quel est ton emploi du temps (timetable) aujourd'hui ? On croise les doigts – pourvu qu'il n'y ait pas trop de maths !

What lessons do we have today?
Quels cours a-t-on aujourd'hui ?

We have English, history, art, and physics.
On a anglais, histoire, dessin et physique.

What's your favourite subject?
Quelle est ta matière préférée ?

My favourite subject is drama.
Ma matière préférée est l'art dramatique.

To be good at...
Être bon(ne) en....

To be rubbish at...
Être mauvais(e) en....

Les matières enseignées en Grande-Bretagne sont à peu près les mêmes qu'en France. On fait cependant de l'art dramatique (drama), et aussi de l'instruction religieuse (religious education, ou RE), matière obligatoire dans les écoles publiques comme privées.

Let's exercise!

Les sports sont aussi un peu différents. On ne joue pas au handball à l'école en Grande-Bretagne, en revanche on joue souvent au tennis en été, ainsi qu'au cricket (pour les garçons),

What year are you in?
Les classes ici s'appellent years. En Angleterre et au pays de Galles, on commence en year 7 (l'équivalent de la 6e), et on termine le secondaire en year 11, à 16 ans. Le lycée (6th form college) ne dure que 2 ans.

Excuse me, Sir?
Pour s'adresser aux profs, il faut faire des politesses ! Pour un homme, tu diras Sir (monsieur), et pour une femme, qu'elle soit mariée ou non, il faudra dire Miss (mademoiselle) : Miss, I've finished! J'ai fini, madame !

et au hockey (pour les filles). Et bien entendu, on joue au football ! Tu peux demander à ton correspondant ce qu'il préfère, et lui parler de ce que tu fais en France :

What sports do you do at school?
Quels sports pratiques-tu à l'école ?

Are you good at cricket?
Tu es bon en cricket ?

I play basketball at school.
Je joue au basket à l'école.

Bon courage pour ta première matinée ! À ton retour en France, peut-être apprécieras-tu davantage ton école. À moins que le système britannique soit plus à ton goût.

Si les cours auxquels tu assistes te passent carrément au-dessus de la tête, au lieu de t'ennuyer, fais discrètement...

Les petits pièges à éviter !
Pour parler du basket, dis toujours **basketball** en anglais. **Basket** tout seul veut seulement dire « panier ».

QUIZ Un petit quiz pour terminer !

Tu dois aller au secrétariat de l'école. Dans quelle direction vas-tu ?

Remets ces lettres dans l'ordre pour retrouver des matières scolaires :

CEFRNH .... ROISHTY .... NGEILSH .... MADRA .... SHAMT ....

Remets ces mots dans l'ordre pour connaître l'excuse préférée des collégiens anglais qui n'ont pas fait leurs devoirs (homework) :

ate my dog homework my

....

9

Starving?

On entendrait une mouche (a fly) voler... Toute la classe est concentrée sur un exercice de français... tu rêvasses tranquillement (tu n'es pas là pour apprendre le français !) et, devant tes yeux mi-clos, passent hamburgers et frites... Damn! Tu meurs de faim ! Les deux tranches de pain grillé à la margarine de ton petit déj sont déjà bien loin ! Tu es prêt(e) à avaler n'importe quoi tout en redoutant une nouvelle (mauvaise) surprise culinaire !

Un affreux gargouillis te sort de ta rêverie ! Tout le monde se retourne vers toi... Oh, the shame! (la honte !), ça vient de ton ventre !!

Heureusement, au même moment, la sonnerie retentit : you're saved by the bell (sauvé(e) par le gong) ! C'est l'heure de tout ranger et d'aller manger !

It's lunchtime.
C'est l'heure du déjeuner.

I'm starving!
Je meurs de faim !

Étudions les trois façons de déjeuner typiques en Grande-Bretagne. Attention ! Âmes (et estomacs) sensibles, sautez ce chapitre ! On y parle beaucoup de frites, vraiment beaucoup... et cette surconsommation peut choquer !

Option 1 – the canteen

Tu as un peu d'argent en poche ? Il te reste à trouver la cantine (the canteen). Suis les hordes d'élèves affamés, tu finiras bien par tomber dessus.

Les petits pièges à éviter

Attention à la prononciation de **dessert** [di-'zeurte, avec l'intonation sur la 2e syllabe], à ne pas confondre avec **desert** ['dai-zeurte, avec l'intonation sur la 1re syllabe], qui est bien entendu « le désert ».
Entraîne-toi :
I bring my dessert in the desert (j'emporte mon dessert dans le désert) et **There is no dessert in the desert** (il n'y a pas de dessert dans le désert).

It's lunchtime!

Le repas se paie cash, les prix sont affichés. Tu peux choisir une boisson et un plat unique, un sandwich, ou bien une soupe et du pain. Si tu as encore un petit creux, tu peux aussi prendre un dessert.

Voici un peu de vocabulaire pour t'aider à choisir :

salad bar	buffet froid (crudités, salade de pâtes, viandes froides)
drinks	boissons
main course	plat principal
dessert	dessert

What would you like?

Il est rare de prendre une entrée (starter), ou même d'en trouver, parce qu'on a beaucoup moins de temps qu'en France pour déjeuner. Tu auras en général le choix entre 2 ou 3 plats principaux, dont un plat végétarien (vegetarian option). Voici une petite sélection de grands classiques :

macaroni and cheese	macaronis à la sauce Mornay
toad-in-the-hole	saucisses cuites dans une pâte à crêpes (mot à mot : crapaud dans le trou !)
vegetable curry	curry de légumes
cottage pie	hachis Parmentier (au bœuf)
shepherd's pie	hachis Parmentier (à l'agneau)
chips	frites
potato wedges	quartiers de pommes de terre frits et assaisonnés

Jacket potato

Pour les élèves peu audacieux, la cantine propose les mêmes aliments de base tous les jours, comme des pizzas, des sandwichs, et des jacket potatoes : une pomme de terre cuite au four dans sa peau (en robe des champs), coupée en deux et servie avec, au choix :

Cheddar cheese	fromage (souvent orange !) râpé
tuna and sweetcorn	thon et maïs à la mayonnaise
butter	beurre
coleslaw	salade de chou cru à la mayonnaise
baked beans	haricots à la sauce tomate sucrée (encore eux ?)

Have you chosen?

Maintenant que tu as choisi ton plat, tu peux, sans un mot, le montrer du doigt, bien sûr, mais pense à tes pauvres parents qui se sont sacrifiés pour te payer ce voyage ! Allez ! Lance-toi et construis-nous de belles phrases :

I'd like the chilli con carne, please.
Je voudrais le chili con carne, s'il vous plaît.

Can I have a bit more rice?
Est-ce que je peux avoir un peu plus de riz ?

Can I have chips instead of salad?
Est-ce que je peux avoir des frites à la place de la salade ?

Could I have some ketchup?
Est-ce que je pourrais avoir du ketchup ?

No, I don't want any cheese, thanks.
Non, je ne veux pas de fromage, merci.

Excuse me, what's this?
Pardon, qu'est-ce que c'est ?

Fish fingers?

Non, tu ne t'es pas trompé(e), il y a bien des « doigts de poisson » au menu ! Rassure-toi, ce ne sont pas des mutants ! Les fish fingers sont tout simplement des bâtonnets de poisson pané... Ouf !

It's lunchtime!

What's in it?
Qu'est-ce qu'il y a dedans ?

Voilà, la cantine anglaise n'a plus de mystère pour toi. Il te reste à payer et à remercier la dinner lady (l'employée de la cantine).

Bon appétit !

Option 2 – the packed lunch

Ce matin, on t'a donné un packed lunch : un casse-croûte à manger sur place. En Grande-Bretagne, le déjeuner se prend rapidement et il est donc rare de rentrer à la maison. Pour les élèves qui ne raffolent pas de la cantine, il est possible d'apporter son repas dans une boîte en plastique (lunch box) ou dans un sac isotherme (lunch bag).

My tray
La nourriture est parfois directement servie sur un plateau où il y a des compartiments pour mettre le plat principal, les légumes, le dessert. Il y a ainsi moins de vaisselle à laver.

Alors, de quoi se compose ton packed lunch aujourd'hui ?

a packet of crisps	un paquet de chips
a cheese sandwich	un sandwich au fromage
a juice carton	une brique de jus de fruits
a chocolate bar	une barre de chocolat
an apple	une pomme
a celery stick	une branche de céleri

Une branche de céleri ?! Crue ?! Sans rien ?! Quelle drôle d'idée ! Si tu aimes, tant mieux, mais si tu veux t'en débarrasser, tu peux toujours essayer ces formules (résultats non garantis !) :

Can I swap my celery for your crisps?
Je peux échanger mon céleri contre tes chips ?

Are you going to eat your chocolate bar?
Tu vas la manger, ta barre de chocolat ?

Does anybody want this?
Est-ce que quelqu'un en veut ?

It's lunchtime!

Ce soir, mets les choses au point avec ta famille ! Dis-leur ce que tu as mangé, et ce dont tu t'es débarrassé(e) ! Ça t'évitera de loucher sur les packed lunches des autres tout le reste de la semaine.

I liked my crisps!
J'ai bien aimé mes chips !

I didn't eat my carrot sticks.
Je n'ai pas mangé mes bâtonnets de carotte.

Could I have ham in my sandwich, instead of cheese?
Je pourrais avoir du jambon plutôt que du fromage dans mon sandwich ?

Option 3 – street food

Si ton école est en ville, tu verras probablement beaucoup d'élèves quitter l'enceinte de l'école pour aller manger. Il leur faut une autorisation parentale, et tu devras en demander une si tu veux les suivre.

Où vont-ils donc ? Dans un louable souci de proposer une nourriture plus saine et plus équilibrée, les cantines, depuis quelques années, limitent les frites à une portion par semaine. Mais on trouve facilement des frites à emporter, d'où l'exode quotidien et massif des élèves vers les chip shops (friteries). Oui ! Il est possible de se nourrir exclusivement de frites ! Comme ce n'est vraiment pas ton genre, tu vas résister à cette immersion totale dans la friture. Rappelle-toi, le Français est cracra mais gastronome !

How much is a tray of chips?
Combien coûte une barquette de frites ?

Can I have pizza and chips?
Je peux avoir une pizza et des frites ?

I just want a burger.
Je veux juste un burger.

Le comte de Sandwich

L'origine du mot « sandwich » vient du nom du comte de Sandwich qui vécut au 18e siècle. Il était, paraît-il, passionné de jeux de cartes, et demanda un jour à ses domestiques de lui servir un déjeuner qu'il puisse manger sans interrompre sa partie. On lui servit de la viande entre deux tranches de pain — facile et rapide à manger. Finies, les cartes poisseuses et couvertes de sauce !

It's lunchtime!

Te voilà bien calé(e), et prêt(e) à reprendre les cours. Tu as juste le temps de t'essuyer la bouche et de faire…

QUIZ Un petit quiz pour terminer !

Des blagues, pour changer ! Peut-être un peu lourdes à digérer…

Il suffira de relier les questions aux réponses.

- ❍ Why do the French like to eat snails?
- ❍ What do you call a witch who lives by the sea?

- ❍ A sand-witch.
- ❍ Because they don't like fast food!

10

Glad you're here!

Les cours se passent bien et tu ne te perds plus en chemin le matin ! Depuis que tu as décidé d'arrêter d'avoir le mal du pays (to be homesick), et de t'apitoyer sur ton sort, tu dois bien avouer que tu apprécies ton séjour et que tu t'amuses même beaucoup. C'est plutôt sympa d'avoir un peu d'indépendance et de découvrir autant de nouvelles choses chaque jour ! Tu as même réussi à convaincre tes hôtes de ne plus mettre de céleri dans ton packed lunch.

Things are looking up!
Tout va mieux !

Tu fais beaucoup de rencontres à l'école, mais il te manque un peu de vocabulaire pour pouvoir te mêler facilement aux conversations. Le temps d'avoir cogité une phrase en anglais, le sujet a changé et tu as l'impression d'avoir toujours un train de retard. Frustrant ! Si c'est le cas, lis ce chapitre ! Tu y trouveras quelques bons conseils pour te faire des copains et des copines.

What's your name again?

Ça suffit les petits sourires timides à ton voisin ou à ta voisine de classe ! Il est temps de lui parler :

Hello, what's your name again?
Bonjour, comment tu t'appelles déjà ?

Hi, can you remind me what your name is?
Salut, tu me rappelles ton nom ?

How do you spell it?
Comment ça s'écrit ?

It's a nice name.
C'est un joli prénom.

Les petits pièges à éviter

Pour parler du « nom de famille », on utilise surname ou family name. Surname n'est donc pas un « surnom », qui est nickname en anglais. Pour dire « prénom », on emploie first name ou Christian name.

Enfin, souviens-toi que lorsqu'on écrit son nom sur un formulaire ou à l'école, on commence par donner son prénom puis son nom de famille.

Where are you from?

À l'école de langues, tu rencontreras des élèves de nationalités différentes. Petite révision de géographie européenne :

Where are you from?
D'où viens-tu ?

I'm from Switzerland/Denmark/Portugal.
Je viens de Suisse/du Danemark/du Portugal.

I'm Russian/German/Greek.
Je suis russe/allemand(e)/grec(que).

Whereabouts, in Germany?
D'où exactement, en Allemagne ?

On te posera certainement souvent les mêmes questions. Sois prêt(e) à répondre :

I'm from Clermont-Ferrand, in the centre of France.
Je suis de Clermont-Ferrand, dans le centre de la France.

I'm from Dax, in the south west, near Spain.
Je suis de Dax, dans le Sud-Ouest, près de l'Espagne.

I'm from Melun, near Paris.
Je suis de Melun, près de Paris.

Avant de te lancer dans une grande et belle amitié, renseigne-toi sur le temps qui vous reste :

How long are you here for?
Tu restes combien de temps ?

I'm here for two weeks.
Je reste deux semaines.

I'm going home tomorrow.
Je rentre chez moi demain.

I'm homesick

En début de semaine, tu traînais ta petite mine tristounette de pièce en pièce dans ta famille d'accueil. Pour un peu, tu aurais fait comme E.T.

Popular names

Comme en français, les noms de famille anglais ont parfois pour origine des métiers anciens : Taylor/Couturier, Miller/Meunier. Au Moyen Âge, on employait souvent le nom du père pour nommer quelqu'un : « Robert, fils de John » deviendra Robert John + son = Johnson. Il est donc très courant de trouver le suffixe -son (fils) à la fin d'un nom de famille (Stevenson, Robertson). En Écosse et en Irlande, les préfixes Mac ou Mc veulent également dire « fils de » : MacDonald, ou fils de Donald. En Irlande, on trouve également le préfixe O' qui signifie « petit-fils de » (O'Neill, O'Connor).

et, l'index pointé sur la porte, tu aurais répété « mai-son »... Mais tout va mieux maintenant ! Tu peux en parler avec tes nouveaux copains ; ils sont tous passés par là :

I was a bit homesick to start with.
J'avais un peu le mal du pays au début.

I'm OK now.
Maintenant ça va.

Do you miss your family?
Ta famille te manque ?

Yes, I really miss my family and friends.
Oui, ma famille et mes amis me manquent beaucoup.

No, I'm having too much fun!
Non, je m'amuse trop !

Why don't we...?

Ça y est ! Tu as des copains et tu vas avoir envie d'organiser quelques trucs sympas avec eux :

Let's go to the canteen together.
Allons à la cantine ensemble.

Why don't we go to the karaoke night together?
On pourrait aller ensemble à la soirée karaoké ?

Do you want to have lunch with me today?
Tu veux déjeuner avec moi aujourd'hui ?

How about going to the cinema on Saturday afternoon?
Et si on allait au cinéma samedi après-midi ?

On va certainement te répondre :

It's a great idea!
C'est une super idée !

I'll meet you after class.
Rendez-vous après les cours.

Can I bring my friend Ryan?
Je peux emmener mon copain Ryan ?

Voici quelques phrases utiles qui te permettront d'attendre au bon endroit, au bon moment :

sick
Ce mot veut dire que l'on a mal. On peut avoir le mal de mer (to be seasick) ou le mal de l'air (to be airsick). Loin de chez soi (home), on peut avoir le mal du pays (to be homesick).

to miss

Encore un peu de gymnastique mentale. Pour dire que quelque chose te manque, il faut retourner la phrase à l'envers. Mot à mot, « tu es en manque de quelque chose » ? c'est donc toi qui deviens le sujet de la phrase, et ce « quelque chose » devient l'objet : Do you miss your friends? Tes amis te manquent ? No, but I miss my dog. Non, mais mon chien me manque.

Meeting new friends

How shall we do this?
On fait comment ?

Where shall we meet?
On se retrouve où ?

Let's meet outside school.
On se retrouve à la sortie de l'école.

We could meet at 8 in front of the cinema.
Nous pouvons nous donner rendez-vous à vingt heures devant le cinéma.

I'll pick you up at 6 from your house.
Je passerai te prendre à dix-huit heures chez toi.

Quelle excitation ! Tu as hâte d'y être ! En revanche, si tu entends :

No, I'm sorry, I'm washing my hair on Saturday.
Non, désolé(e), samedi, je me lave les cheveux.

I have a prior engagement.
Je suis déjà pris(e).

I'm visiting my grandma on Sunday afternoon.
Je vais voir ma grand-mère dimanche après-midi.

Tu devras trouver quelqu'un d'autre pour aller au cinéma ! Ce sont les excuses typiques pour se sortir d'un mauvais plan. Souviens-t'en quand on te proposera quelque chose qui ne te branche pas !

friends
Tu connais le mot **friend**, qui veut dire « ami ». Il existe aussi **pal** et **mate**, des mots un peu plus familiers, plus proches de « copain » ou de « pote ». Aux États-Unis, on utilise plutôt **buddy**.

What's your email address?

Le prof en a assez de vous entendre papoter et vous fait les gros yeux. Stop chatting! (Arrêtez de bavarder !)

Il va falloir être plus discret si vous voulez échanger avant la fin du cours vos adresses mail ou vos numéros de mobile.

Can I have your mobile number?
Je peux avoir ton numéro de mobile ?

Can you write it down?
Tu peux l'écrire?

Are you on Facebook?
Tu es sur Facebook ?

Meeting new friends

I'll send you a friend request.
Je vais t'envoyer une demande pour devenir ami(e).

What's your email address?
Quelle est ton adresse mail ?

Les petits pièges à éviter
Attention à l'orthographe d'address : il y a deux « d ».

En anglais, le numéro de téléphone se donne chiffre par chiffre. Pour le zéro (zero), on dit plus souvent O (la lettre) que o (le chiffre). Ainsi, pour 01 96 84 21 05 tu diras : oh/one/nine/six/eight/four/two/one/oh/five

Dans les adresses mail, « arobase » se dit at, et « point » se dit dot. Pourquoi pas un petit rappel de l'alphabet anglais ?

A	éy	**I**	aïe	**R**	ar
B	bii	**J**	djay	**S**	ess
C	sii	**K**	quay	**T**	tii
D	dii	**L**	ell	**U**	you
E	ii	**M**	emm	**V**	vii
F	eff	**N**	enn	**W**	do-beule-you
G	djii	**O**	o	**X**	ex
H	éytch	**P**	pii	**Y**	why
		Q	quiou	**Z**	zed

I love you

Très utile si tu as le coup de foudre, a-t-on vraiment besoin de te traduire cette phrase ? Ne reste pas planté(e) là, la bouche ouverte, tu n'as pas la vie devant toi et il faut te décider vite à déclarer ta flamme :

I really fancy Kieran.
Kieran, je le kiffe grave !

I want to go out with her.
Je veux sortir avec elle.

I think he/she's chatting me up.
J'ai l'impression qu'il/elle me drague.

Do you have a boyfriend/girlfriend?
Tu as un(e) petit(e) copain/copine ?

Txt me l8er

Connais-tu des abréviations en anglais pour envoyer des SMS ? Voici les plus courantes. Elles te seront aussi utiles pour prendre des notes pendant les cours !

@	at	à
2	to	à
2moro	tomorrow	demain
2nite	tonight	ce soir
4	for	pour
asap	as soon as possible	dès que possible
b	be	être, sois
b4	before	avant
bday	birthday	anniversaire
btw	by the way	au fait
c	see	voir
gr8	great	super
h8	hate	détester
l8	late	en retard
l8r	later	plus tard
lol	laughing out loud	mort de rire
msg	message	message
omg	oh my God!	oh mon Dieu !
pls	please	stp
r	are	es, sont
ru ok	are you ok?	ça va ?
thx	thanks	merci
txt	to text, text message	(envoyer un) SMS
u	you	tu, toi
w8	wait	attendre
x	kiss	bisou
yr	your	ton, ta, tes

See you tomorrow!

Les meilleures choses ont une fin. Les cours sont finis. Il est temps de dire au revoir (goodbye ou bye) à tes nouveaux petits camarades.

It's getting late. I have to go.
Il commence à être tard. Il faut que j'y aille.

Bye!
Au revoir !

See you later!
À plus tard !

See you tomorrow!
À demain !

I'll call you...
Je t'appelle...

Avant d'accepter tous tes nouveaux amis sur Facebook (et changer ton statut amoureux ?!), tu as juste le temps de faire...

QUIZ Un petit quiz pour terminer !

Réponds à ces questions pour Elvis Presley, « the King » :

- **What's his nickname?** ....
- **What's his surname?** ....
- **What's his first name?** ....

Et si Elvis avait une adresse mail (elvis@hotmail.com), comment la lirait-il (point = dot, @ = at) ?

....

Déchiffre ce SMS :

- **R u coming 2moro 4 my b'day? It'll b gr8! XX**

....

11

Sightseeing!

Aujourd'hui, pas de cours ! Tu peux oublier les prétérits et les verbes irréguliers. Range tes cahiers, sors ton porte-monnaie : on va visiter Londres !

Ah ! Londres ! Big Ben, Sherlock Holmes, les punks, la reine, les bus à impériale... Même si tu n'y as jamais mis les pieds, tu t'en fais sûrement une petite idée, et tu reconnaîtras de nombreux monuments au cours de ta visite. Ta mission : rapporter un magnet de cabine téléphonique rouge pour le frigo familial et, bien sûr, envoyer la carte postale que tu as promise à ta grand-mère. Si tu aperçois la reine, tu peux t'attribuer dix points de bonus (cinquante pour Kate) !! ... mais bon, il va falloir t'accrocher parce que c'est pas gagné !!

Let's go!

Tu voyages en car avec un groupe ? Si tu ne veux pas rater ta première excursion à Londres, attention à bien te renseigner sur l'horaire et le lieu de départ :

At what time are we leaving?
À quelle heure est-ce qu'on part ?

The coach leaves at 8.
Le car part à 8 heures.

Where are we leaving from?
D'où est-ce qu'on part ?

The coach will be outside the language school.
Le car sera devant l'école de langues.

Don't be late!
Ne sois pas en retard !

Our itinerary

Alors, qu'est-ce qu'il y a au programme ? N'espère pas tout voir en une journée, il faudra revenir. Mais voici quelques incontournables :

The London Eye

Monte dans une capsule de la grande roue de Londres et tu pourras voir jusqu'à 40 km à la ronde (s'il ne pleut pas). Attention ! Il faut réserver à l'avance et se présenter au moins une demi-heure avant le « décollage ».

Buckingham Palace

Maisonnette de 775 pièces, c'est le petit pied-à-terre de la famille royale à Londres. Si tu aperçois l'Union Jack (le drapeau) flotter au-dessus du palais, c'est que Her Majesty the Queen (Sa Majesté la reine) est à la maison.

En été, on peut assister tous les jours à la relève de la Garde : the changing of the Guard. C'est le moment où les soldats veillant sur le palais se relaient en grande pompe.

London

Londres, la capitale du Royaume-Uni, comprend la ville de Londres proprement dite (Inner London), qui correspondrait pour nous à la Ville de Paris, et le Grand Londres (Greater London), l'équivalent de la région parisienne en France. La superficie de la ville de Londres est trois fois plus grande que celle de Paris.

the City

Le plus ancien quartier de Londres est the City of London, ou the City, le cœur de Londres qui est maintenant le quartier financier de la capitale. Autour de ce centre historique se situent de nombreux quartiers qui étaient à l'origine des villages avoisinants, et qui ont gardé leur nom de paroisse, comme Wimbledon ou Wembley.

À l'ouest de la City, on appelle West End le quartier qui regroupe les théâtres, les grands cinémas (à Leicester Square, par exemple), les restaurants et bars de Soho (où l'on trouve aussi Chinatown), et les zones commerçantes célèbres de Londres (Oxford Street, Covent Garden, Piccadilly Circus).

Piccadilly

Leicester Square

Covent Garden

Il y a aussi un brassage extraordinaire de populations à Londres. Pour un curry indien authentique, il faudra se rendre dans l'East End (les quartiers populaires de l'est de Londres) à Brick Lane, une rue célèbre pour ses restaurants indo-pakistanais (Asian restaurants). En se promenant à Brixton, on trouvera des marchés africains et jamaïcains.

Et pour des marchés un peu loufoques (mais aussi un peu touristiques, il faut le dire), dirige-toi vers Camden Town, au nord. Interdiction absolue d'en ressortir avec un tatouage ou un piercing !

The Tower of London

Cette forteresse dont certaines parties datent de Guillaume le Conquérant (1070), fut pendant longtemps une prison et un lieu d'exécution. C'était en général mauvais signe d'être sent to the tower (envoyé à la tour)... on en revenait rarement.

Aujourd'hui, on peut y voir les joyaux de la Couronne, s'y promener sans crainte et, même, en ressortir !

Big Ben & the Houses of Parliament

Big Ben est en fait le nom de la plus grosse cloche située dans la tour de l'horloge du palais de Westminster, le siège du Parlement (the Houses of Parliament) ; mais, par association, c'est aussi le nom que l'on donne à la tour. Malheureusement, seuls les résidents de la Grande-Bretagne peuvent la visiter. Rien ne t'empêche en revanche de la prendre en photo – peut-être à bord du London Eye, de l'autre côté de la Tamise (the Thames) ?

The British Museum

C'est un peu l'équivalent du Louvre à Paris. Ce musée est le plus important de Londres et possède d'immenses collections, dont la pierre de Rosette qui a permis à Champollion de déchiffrer les hiéroglyphes.

Football crazy!

Si tu es fana de foot (football crazy), tu peux visiter l'un des stades de football de Londres : Chelsea, Arsenal, Fulham, Tottenham Hotspurs, West Ham... et t'acheter un maillot au-then-tique !

One ticket, please!

La bonne nouvelle, c'est que les musées nationaux en Grande-Bretagne sont gratuits. Tu peux donc aller voir les momies du British Museum sans sortir un penny. En revanche, les visites en bus touristique à impériale, le musée de cire de Madame Tussaud, le London Eye, etc., sont payants. Si tes billets d'entrée n'ont pas été pris à l'avance (booked in advance) par tes accompagnateurs, voici quelques phrases utiles :

Is it free to get in?
Est-ce que l'entrée est gratuite ?

How much is it to get in?
Combien coûte l'entrée ?

Are there concessions for students?
Est-ce qu'il y a des réductions pour étudiants ?

I'd like to buy two tickets, please.
Je voudrais acheter deux billets, s'il vous plaît.

Tu peux aussi demander des renseignements au musée :

Is there a gift shop?
Est-ce qu'il y a un magasin de souvenirs ?

Where are the toilets please?
Où sont les toilettes, s'il vous plaît ?

How long does the visit last?
Combien de temps dure la visite ?

Ready to visit London?

It lasts for a couple of hours.
Elle dure deux heures.

I visited a couple of museums in London.
J'ai visité quelques musées à Londres.

The London Eye will reopen in a couple of weeks.
Le London Eye rouvrira dans deux semaines.

> **a couple of**
> *A couple of* est une expression que tu entendras souvent, et qui peut vouloir dire simplement « deux », mais aussi « quelques ». Utilise-la dès que tu peux !

Renseigne-toi sur ce que tu vois, et explique ce qui t'intéresse :

I'm interested in sculpture/architecture/painting.
Je m'intéresse à la sculpture/l'architecture/la peinture.

We're going to visit a castle/museum/palace/church.
Nous allons visiter un château/musée/palais/une église.

We're going to see statues/paintings.
Nous allons voir des statues/tableaux.

When is it from?
Ça date de quand ?

It's from the 18th century.
Ça date du XVIIIe siècle.

Les musées ferment tôt. As-tu encore le temps de visiter ?

At what time does the museum close?
À quelle heure ferme le musée ?

The museum opens at ten and closes at five o'clock.
Le musée ouvre à 10 heures et ferme à 17 heures.

The museum is closed on Mondays.
Le musée est fermé le lundi.

I LONDON

Free time!

Au grand désarroi de tes parents (et pour ton plus grand bonheur), tu as trois heures de temps libre

(free time) pour te promener en ville. Yes! On t'a probablement déjà rabâché tout ça plusieurs fois, mais on va recommencer. Écoute !

Stay with your group. Reste en groupe, ne pars jamais tout(e) seul(e) à l'aventure.

Look right. Regarde du bon côté de la route avant de traverser ! Les voitures viennent de ta droite, et il y en a beaucoup à Londres...

Mind what you say. Attention à ce que tu dis ! C'est toujours vexant de se rendre compte que la personne qui est devant toi parle français et a compris tes bêtises ! Mieux vaut se conduire correctement.

Don't be late! Reviens à l'heure ! Le planning de la journée est sûrement très serré. Si tu arrives comme une fleur avec vingt minutes de retard, parce que tu cherchais un casque de bobby pour ton petit frère, tu risques de faire rater à tout le monde la visite du stade de Chelsea. Tu ne vas pas te faire que des amis !!

En résumé, have fun, but be safe! (amuse-toi, mais fais attention à toi).

Si tes accompagnateurs parlent anglais, tu entendras peut-être ces quelques phrases :

Always stay with your partner.
Restez toujours avec votre binôme.

You have three hours of free time.
Vous avez trois heures de temps libre.

We'll meet back here at four o'clock.
On se retrouve ici à 4 heures.

Our meeting point will be the Covent Garden Station.
Notre point de rendez-vous sera la station de métro Covent Garden.

Allez, bon après-midi et ne dépense pas tout ton argent !

Help, I'm lost!

En flânant dans le marché de Camden Town, vous (toi et ton groupe) vous êtes un peu éloignés. Vous vous rappelez avoir traversé un canal et vous voici dans un quartier différent. Plus une seule petite boutique rigolote en vue... vous ne vous seriez pas un peu perdus ? Allez, montre à tes copains que tu sais te débrouiller dans les situations difficiles :

Excuse me, we are lost.
Excusez-moi, nous sommes perdus.

Can you help us?
Vous pouvez nous aider ?

We are looking for Camden Market.
On cherche le marché de Camden.

Can you show us where we are on the map?
Vous pouvez nous montrer où l'on est sur le plan ?

Il faut toujours avoir sur toi un numéro d'urgence (ta famille d'accueil, l'école de langues). Très utile aussi une carte de la ville, ainsi que l'adresse de ta famille. Si tu vois un agent de police (a police officer, ou a bobby), n'hésite surtout pas à lui demander de l'aide.

Inutile d'appeler en pleurs tes parents ; non seulement tu vas les affoler, mais ils ne te seront d'aucune utilité, sur leur plage, en Bretagne...

Finalement, vous n'étiez pas très loin et il vous reste du temps pour le shopping. Vite, la carte postale de Mamie ! Une fois remonté(e) dans le car, tu pourras lui écrire et, tant que tu as le stylo en main, tu pourras faire...

QUIZ Un petit quiz pour terminer !

Quel monument ou endroit célèbre ne se trouve pas à Londres ?

- ○ **Tower Bridge**
- ○ **Piccadilly Circus**
- ○ **St Paul's Cathedral**
- ○ **Empire State Building**
- ○ **Trafalgar Square**

Comment s'appelle le fleuve qui coule à Londres ?
En français et en anglais !

....

Une de ces affirmations est fausse. Laquelle ?

- ○ **Les chiens de compagnie de la reine mangent uniquement dans des écuelles en or.**
- ○ **La reine a deux anniversaires par an.**
- ○ **Tous les cygnes sauvages de Grande-Bretagne appartiennent à la reine.**
- ○ **La reine est la seule personne du royaume ayant le droit de conduire sans permis un véhicule.**

12

Relax!

Toujours pas de cours aujourd'hui ! Quelle chance, enfin un peu de calme, tu vas pouvoir mettre tes pauvres pieds au repos. Tu ne les sens plus après tous les kilomètres parcourus dans les rues de Londres. Mais à part t'occuper de tes pieds, tu comptes faire quoi ? Tu peux déjà ranger tous tes petits achats : le mug I ♥ London pour ta mère, le caleçon Union Jack pour ton père, et le taxi londonien en porte-clés pour ton frère qui perd toujours ses clés. What else? Ta famille aura certainement prévu quelque chose pour t'occuper. Sors de ta chambre ! Voyons un peu ce que l'on te propose.

What do you like to do?

Tu es plutôt du genre « yoga, méditation et tisane » ou « saut à l'élastique, kayak et sensations fortes » ? Ta famille commence à mieux te connaître, mais ils ne savent pas tout encore. Explique-leur :

I'm really sporty.
Je suis très sportif(ive).

I'm not very good at sports.
Je ne suis pas très bon(ne) en sport.

I'm a bit lazy!
Je suis un peu paresseux(euse) !

I enjoy trying out new things.
J'aime bien faire de nouvelles expériences.

Ils te poseront des questions sur tes loisirs :

What are your hobbies?
Quels sont tes hobbys ?

What do you like to do?
Qu'est-ce que tu aimes faire ?

Leisure and sport

Tu peux les épater en citant la longue liste d'activités sportives que tu fais régulièrement !

I play football twice a week.
Je joue au football deux fois par semaine.

I play basketball in the school team.
Je joue au basket dans l'équipe de l'école.

I go to ballet on Saturdays.
Le samedi, je vais à la danse classique.

I often go swimming with my friends.
Je fais souvent de la natation avec mes ami(e)s.

À moins que tu ne préfères :

tennis	le tennis
rugby	le rugby
judo	le judo
cycling	le cyclisme
gymnastics	la gymnastique
running	le jogging

Bon, c'est clair, tu aimes bouger, mais à part ça ?

I go to a drama class after school.
Je vais à un cours de théâtre après l'école.

I'm very good at drawing/singing.
Je suis très doué(e) en dessin/chant.

I play the piano.
Je fais du piano.

Spécial gros paresseux : ton loisir préféré est le farniente ? On va t'aider un peu. Voici la liste de quelques hobbys dans laquelle tu pourras piocher pour impressionner tes hôtes :

music	la musique
reading	la lecture
painting	la peinture
astronomy	l'astronomie
DIY [di-aïe-ouaïe]	le bricolage
online gaming	les jeux en ligne
cooking	la cuisine

Once or twice a week?

Tu es certainement très assidu(e). Voici quelques expressions utiles pour indiquer la fréquence de tes activités :

once/twice a week	une/deux fois par semaine
three times a week	trois fois par semaine
on Saturdays	le samedi
every Monday	tous les lundis
always	toujours
often	souvent
sometimes	parfois
from time to time	de temps en temps
rarely	rarement

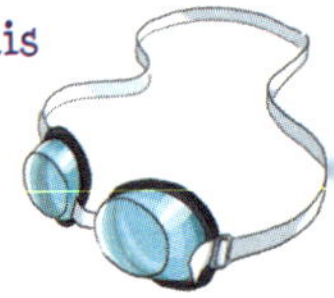

Do you want to play tennis?

C'est décidément la semaine de tous les dangers. Une nouvelle expérience ? Il en faut plus pour te faire peur !

Do you want to play tennis?
Tu veux jouer au tennis ?

Would you like to go hiking?
Tu veux faire de la randonnée ?

Do you fancy a game of cricket?
Ça te dirait, une partie de cricket ?

Comment refuser une partie de cricket même si les règles t'ont toujours paru quelque peu incompréhensibles ? Tu rêvais de mettre des protège-tibias ! N'oublie pas ton appareil photo. Tu réussiras bien à en prendre quelques-unes malgré le casque.

Yes, please!
Oui, s'il vous plaît !

Sure, I'd love to.
Oui, j'aimerais bien.

Why not? I don't mind.
Oui, pourquoi pas ? Ça m'est égal.

fancy

Ce verbe est un peu familier, et est employé pour parler de choses dont on a envie (ou non). Essaie de le repérer dans les conversations, ou même de l'utiliser.

Do you fancy a game of cricket? – Sure, why not!
Ça te dirait, une partie de cricket ? – Oui, pourquoi pas !

I don't really fancy it.
Ça ne me dit pas grand-chose.

Cricket

On y joue dans la plupart des pays du Commonwealth. Les parties de joueurs professionnels peuvent durer jusqu'à 5 jours. C'est un jeu d'équipe assez compliqué qui consiste à taper dans une balle de liège recouverte de cuir rouge avec une batte.

Un batsman, habillé en blanc, frappe la balle, et l'équipe adverse tente de la rattraper au vol, ou de la relancer pour faire tomber le wicket (guichet, ou 3 bâtons plantés dans le sol, avec 2 petits bouts de bois posés sur le dessus) et d'éliminer le batsman.

Ça ressemble un peu au base-ball, mais surtout ne fais pas ce genre de remarque en public ! C'est un sacrilège de comparer le base-ball au cricket, ce sport noble et très, très british.

How about going swimming?

On te propose d'aller piquer une tête dans la piscine (the swimming pool) du coin ? Alors là, vraiment, NON ! Tu détestes la piscine. Voici quelques phrases qui te sortiront d'affaire :

I'd love to, but I've forgotten my swimming costume/trunks.
J'aimerais bien, mais j'ai oublié mon maillot/caleçon de bain.

I'm sorry, I can't swim.
Désolé(e), je ne sais pas nager.

I'm allergic to water.
Je suis allergique à l'eau.

Bien entendu, si ça te tente, saute ces lignes et vas-y (pardon, plonge !).

Why don't we go...?

Le sport, c'est bien joli, mais tu as entendu dire qu'il y avait un parc d'attractions pas loin. C'est le moment de trouver les mots car il ne tient qu'à toi de convaincre tes hôtes de t'y emmener !

Why don't we go to the theme park?
Et si on allait au parc d'attractions ?

I've never been on a roller-coaster.
Je n'ai jamais fait de montagnes russes.

I've heard there are water slides there.
J'ai entendu dire qu'il y avait des toboggans à eau là-bas.

I'd love to go on the rides!
J'aimerais beaucoup aller dans les manèges !

Where can we go zip lining?
Où peut-on faire de la tyrolienne ?

Et pourquoi pas le zoo ? Il se prononce [zou] en anglais.

I'm sorry,
I can't swim.

Warning for boys
En France, les shorts de bain sont souvent interdits dans les piscines et seul le modèle « slip de bain » est autorisé. C'est la situation inverse en Grande-Bretagne. Les pauvres Anglais sont traumatisés à l'idée de porter un si petit vêtement en public, et se sentent à moitié nus ! Bon à savoir avant de faire ta valise.

I'd be interested to go and see the pandas.
Ça m'intéresserait d'aller voir les pandas.

A wildlife park? That's a good idea.
Un parc animalier ? C'est une bonne idée.

The meerkats are so cute and funny.
Les suricates sont tellement mignons et rigolos.

I could watch monkeys for hours.
Je peux passer des heures à observer les singes.

Tiens, en parlant de singes, tu peux aussi suggérer à ta famille une balade en forêt. Pendant qu'ils marcheront dans les fourrés, tu pourras grimper dans les arbres et te déplacer de branche en branche. Prêt(e) à atteindre les cimes ?

Where can we go on a tree top adventure?
Où peut-on faire de l'accrobranche ?

Si tu ne te sens pas d'humeur « cascadeuse », contente-toi d'un petit parcours en tyrolienne (zip line). Tu leur as bien dit que tu aimais faire de nouvelles expériences... ?

We're going out tonight!

Et pour la soirée, quel programme ? Plus typique qu'une soirée au pub, tu meurs ! Petit problème : les mineurs n'ont pas le droit d'y entrer le soir... Si les serveurs trouvent que leur client a l'air un peu jeune, ils n'hésitent pas à lui demander un justificatif d'âge avant de le servir. Si tu es mineur(e), il te faudra encore attendre un peu...Eh oui, il y a un temps pour tout.

But don't worry, tu peux toujours trouver autre chose à faire ce soir. Tu n'es pas condamné(e) à rester devant la télé.

We can go to the cinema.
On peut aller au cinéma.

I don't mind
I don't care
Attention ! Bien que ces deux expressions soient similaires, la première peut être traduite par « ça m'est égal », donc assez neutre, mais la deuxième peut aussi vouloir dire « je m'en fiche ». Mieux vaut utiliser la première, I don't mind, pour ne pas froisser tes hôtes !

We can go bowling/ice skating.
On peut aller faire du bowling/patin à glace.

There is a disco at the language school. Let's go dancing!
Il y a une soirée discothèque à l'école de langues. Allons danser !

Quelle journée ! Finalement, ce sera peut-être plus reposant de retourner à l'école demain matin. Ces jours de congé sont épuisants ! Il ne te reste plus qu'à aller te brosser les dents, te mettre en pyjama... et quoi encore ? Ah oui...

QUIZ Un petit quiz pour terminer !

Trouve la traduction de chaque mot :

the swimming pool ○	○ la patinoire
the theme park ○	○ le parc animalier
the football pitch ○	○ la piscine
the ice rink ○	○ le parc d'attractions
the wildlife park ○	○ le terrain de foot

Tu bouquines sans arrêt, tu nages de temps en temps, mais le foot, c'est pas ton truc. Complète ces phrases avec les mots ci-dessous :

○ **always** ○ **sometimes** ○ **never**

I .... play football.

I .... like to read.

I .... go swimming.

13

I need a few things

Chouette semaine ! Tu fais des progrès de jour en jour, tu commences à comprendre (à peu près) tout ce qu'on te dit et tu arrives même à reconnaître ton prénom prononcé à l'anglaise ! Tu t'es fait des copains, it's perfect! Cependant, une chose te chagrine. Ton porte-monnaie est rempli de money, et ça te démange de le dépenser. Comme on dit ici, this money is burning a hole in your pocket! (mot à mot : « cet agent te brûle un trou dans la poche ! »). Une seule solution : let's go shopping!

Money, money, money

Le Royaume-Uni, bien que faisant partie de l'Union européenne, a gardé sa monnaie. C'est donc des livres sterling que tu vas utiliser pour faire ton shopping. Il va falloir faire travailler tes neurones si tu veux avoir une idée du prix de ce que tu achètes et être rapide en calcul mental.

Coins

Il y a 8 types de pièces (coins) en circulation.

Le pluriel de penny est pence (abréviation p [pi]). Pour faire a pound (une livre), il faut 100 pence.

Do you want a chocolate bar? It's only 50p!
Tu veux une barre de chocolat ?
Ça coûte seulement 50 pence !

Let's go shopping!

Bank notes

Passons aux choses sérieuses : les billets. Au recto, Sa Majesté la reine Élisabeth II (mais oui, elle aussi a été jeune, il y a longtemps !). Au verso, des écrivains, musiciens et scientifiques célèbres.

Les billets de 5 livres sont verts, ceux de 10 livres sont orange, ceux de 20 livres sont bleus, et ceux de 50 livres sont rouge-orangé.

Puisque les pence et pounds n'ont plus de secret pour toi, il est temps de les dépenser ! Vite ! Où sont les boutiques ?

I'd like to go shopping

Tu trouveras les magasins plutôt en centre-ville (the town centre), ou dans des centres commerciaux (shopping centre ou shopping precinct). Très populaires, ils regroupent toutes les grandes marques et on peut y faire ses achats à l'abri des intempéries... Ce qui est toujours un plus, ici !

I'd like to go shopping.
J'aimerais bien aller faire les magasins.

Is there a shopping centre near here?
Est-ce qu'il y a un centre commercial près d'ici ?

I need a few things.
J'ai besoin de deux-trois choses.

Tu peux demander à ta famille de te conseiller en expliquant ce que tu cherches :

Where do you think I should go?
Où est-ce que vous pensez que je devrais aller ?

I want to buy a souvenir for my parents.
Je veux acheter un souvenir pour mes parents.

I'd like to buy a present for my brother.
Je voudrais acheter un cadeau pour mon frère.

£££
Le symbole des livres sterling, £, se met avant les chiffres à l'écrit : £50, £3.75, mais on lit ces prix ainsi : fifty pounds, three pounds seventy-five. Remarque également que l'on met un point au lieu d'une virgule avant les décimales. On ne se lasse pas de le répéter : ces Anglais ne font RIEN comme tout le monde.

Let's go shopping!

Do you think I should buy some biscuits for my grandparents?
Vous pensez que je devrais acheter des biscuits pour mes grands-parents ?

Shopping for food

Avant d'attaquer tes achats, tu grignoterais bien un petit quelque chose, histoire de prendre des forces. Direction le corner shop (mot à mot le « magasin du coin »). C'est une sorte d'épicerie-bureau de tabac qui vend principalement des chips (crisps) et des barres chocolatées (chocolate bars) : il y en a à perte de vue... Tu peux bien sûr décider de toutes les goûter. Résiste ! Pense à ton foie !

En ville, tu trouveras de nombreuses supérettes. Les principaux sont Tesco Metro et Sainsbury Local et on y trouve tout, des sandwichs aux produits de beauté. Plutôt que de tourner en rond pendant des heures, demande :

Excuse me, I'm looking for biscuits.
Excusez-moi, je cherche des biscuits.

Do you sell batteries?
Vous vendez des piles ?

I'm looking for a memory card for my camera.
Je cherche une carte mémoire pour mon appareil photo.

It's this way, I'll show you.
C'est par ici, je vais vous montrer.

La caissière (si tu ne passes pas à une caisse automatique) te demandera :

Do you have a Clubcard/Nectarcard?
Avez-vous une carte de fidélité ?

Do you need a hand to pack?
Voulez-vous que je vous aide à ranger vos courses dans les sacs ?

Réponds No thanks. Simple, sobre, suffisant !

quid

On emploie souvent l'expression familière quid pour dire pound à l'oral, mais seulement pour les sommes rondes (c'est-à-dire sans pence après). Le mot quid n'a pas de pluriel. Par exemple :

Can I borrow five quid? Je peux emprunter 5 livres ? Mais : Actually, I only need four pounds fifty. En fait, je n'ai besoin que de 4 livres 50.

Let's go shopping!

Shopping for presents

Alors ? Que comptes-tu ramener d'Angleterre à part ton linge sale ? Tu imagines la déception de ton petit frère quand tu déballeras ta valise et qu'il n'y aura rien pour lui ? Trop cruel ! Rapporte-lui un cadeau, même tout petit, it's the thought that counts (c'est l'intention qui compte) !

Emballage cadeau
Tu veux un emballage cadeau (gift wrap) ? Tu devras acheter du papier cadeau (wrapping paper) et du Scotch® (Sello® tape) pour le faire toi-même, car ici on n'offre pas d'emballage !

Postcards

Tu ne peux pas ne pas envoyer quelques cartes postales ! Oui, c'est une vraie purge, mais ta grand-mère va être tellement contente ! Elles arriveront après toi, normal quand on les poste sur le chemin de l'aéroport ! Allez ! Courage !

Do you sell postcards?
Vous vendez des cartes postales ?

Do you have stamps for Europe?
Vous avez des timbres pour l'Europe ?

No sorry, you'll need to get them from the post office.
Non, désolé, il faudra les prendre à la poste.

Where is the post box?
Où est la boîte aux lettres ?

Shopping for clothes

Et si tu pensais aussi un peu à toi ? Tu l'as bien mérité après l'eau glacée de la piscine, l'exposition sur les fourmis, la jelly rose ingurgitée en souriant... Tu recherches LE vêtement ou LES chaussures que personne d'autre n'aura. Ça sert aussi à ça, les séjours linguistiques !

I'm looking for a clothes/shoe shop.
Je cherche un magasin de vêtements/chaussures.

Let's go shopping!

Tu as trouvé ce que tu cherchais ? Génial, mais n'oublie pas que tu n'as pas cessé de t'empiffrer de chocolat depuis que tu es arrivé(e), sans parler de toutes les douceurs préparées en ton honneur par ton hôtesse. Si tu as de la chance, cette dernière t'aura fait découvrir que les Anglais sont des as en matière de desserts... mais attention à ton tour de taille !... Allez, fais un tour par la cabine d'essayage :

Excuse me, can I try this?
Excusez-moi, je peux l'essayer ?

Yes, the changing rooms are over there.
Oui, les cabines d'essayage sont là-bas.

I need a bigger/smaller size.
Il me faut une taille plus grande/petite.

What size are you?
Vous faites quelle taille/pointure ?

Ça risque en effet d'être un peu compliqué d'échanger pour la taille au-dessus une fois rentré(e) en France !

Sizes

Ça continue ! Non seulement il faut convertir les prix mais également trouver la bonne taille ! Bien entendu, ici c'est différent ! Heureusement que tu as ton guide avec toi... Alors, quelle taille fais-tu ?

I'm a size 8.
Je fais du 38.

I'm a size 6.
Je chausse du 39.

On dit « I'm a size... » pour la pointure comme pour la taille de vêtements, mais la vendeuse saura de quoi tu parles, surtout si tu tiens une paire de chaussures à la main. Ils sont futés, ces Anglais ! Est-ce que la couleur te va bien au teint ? Euh, pas sûr...

Clothes
vêtements

UK	France
6	36
8	38
10	40
12	42
14	44
16	46

Shoes
chaussures

UK	France
3	35
4	36/37
5	37/38
6	39
7	40
8	41/42
9	42/43
10	44
11	45

Let's go shopping!

Do you have the same top in black?
Vous avez le même haut en noir ?

Colours

La petite phrase qui sauve

Tu as horreur qu'une vendeuse te saute dessus dès ton arrivée ? Alors, si elle te demande, à peine la porte poussée : **Can I help you?** (Je peux vous aider ?) Réponds : **I'm just looking, thanks.** (Non, je regarde, merci.)

How much is it?

C'est PAR-FAIT ! On passe en caisse ? Une dernière vérification, pour t'assurer que tu as assez d'argent :

How much is it?
Ça coûte combien ?

Seventeen pounds fifty (£17.50).
17,50 £.

Here's your change.
Voici votre monnaie.

And now, to the coffee shop

Tu en as plein les pattes et plein les bras. On fait une petite pause ? De beaux canapés en cuir te tendent les bras au café (coffee shop)... Ouf, pose-toi un peu et commande un thé (tu y as pris goût ?) :

I'd like a cup of tea and a chocolate muffin, please.
Je voudrais une tasse de thé et un muffin au chocolat, s'il vous plaît.

Il y a souvent une soucoupe au comptoir pour les pourboires (tips). Si tu veux laisser 50 p, c'est là qu'il faut les mettre. Ce n'est pas obligatoire dans les cafés, mais dans les restaurants il faut être vraiment mécontent pour ne pas laisser de pourboire au serveur.

Bon, eh bien, en sirotant ton Earl Grey, tu n'as plus qu'à faire...

QUIZ Un petit quiz pour terminer !

On sait que money veut dire « argent » : mais comment dit-on « la monnaie » ? Tu le trouveras dans ce chapitre.

....

Écris ces prix tels que tu les lis en anglais :

- ◯ **£34** ....
- ◯ **£7.25** ....
- ◯ **£0.75** ....

14

Dinner at home

Tes parents étaient inquiets au début de ton séjour : combien de temps leur pauvre petit poussin pourra-t-il survivre sans manger ? Le thé suffira-t-il à le maintenir en vie ? Ils envisageaient un largage de nourriture au-dessus de l'Angleterre quand, finalement, après avoir goûté du bout des lèvres les choses bizarres qu'on te proposait, tu as découvert au fil des jours que non seulement c'était comestible mais, souvent, savoureux ! Opération « largage » annulée !

Aujourd'hui, ta famille te prépare un repas spécial : Sunday lunch (le déjeuner du dimanche). L'occasion de faire un brin de causette (to have a bit of a chat) autour d'un bon repas.

Lunch is ready!

Si l'on te sert une entrée (a starter), c'est qu'on a vraiment mis les petits plats dans les grands. Sauf au restaurant, la plupart des repas en Angleterre consistent en un plat unique et un dessert. Voici quelques entrées typiques :

mixed salad	salade composée
carrot and coriander soup	soupe de carottes à la coriandre
prawn cocktail	crevettes à la mayonnaise rose

Mais c'est vraiment le plat principal (the main course) qui fait le typique repas anglais. Il est en général servi à l'assiette. Et quelle assiette ! En gros, plus il y a d'éléments différents, mieux c'est. Un assortiment de légumes, de la viande,

des sauces (au pluriel ? une seule ne suffit pas ?), et des petits suppléments, pour le fun ! Prenons ces éléments un par un.

Vegetables

On trouve toujours une petite sélection de légumes. Au moins, il y en aura bien un sur les trois ou quatre qui te plaira ! Les petits pois sont faciles à repérer : green de chez green.

Dans le temps, on faisait bouillir les légumes pendant des heures pour se débarrasser de ces horribles vitamines, mais on a récemment fait quelques progrès au Royaume-Uni, et, à défaut d'être « croquants », ils ne seront pas totalement mous.

vegetables	les légumes
cauliflower	le chou-fleur
carrots	les carottes
broccoli (sing.)	les brocolis
green beans	les haricots verts
broad beans	les fèves
runner beans	les haricots d'Espagne
parsnips	les panais (carottes blanches)
mashed potatoes	la purée de pomme de terre
roast potatoes	les pommes de terre rôties

ORGANIC

Meat

Deuxième élément dans ton assiette : la viande. Des tranches coupées finement, et encore une fois, ici on préfère le « bien cuit » plutôt que le « saignant ». Pour le Sunday lunch, on sert bien souvent du poulet rôti, mais d'autres viandes sont également possibles :

Did you have a nice week?

roast chicken	poulet rôti
leg of lamb	gigot d'agneau
pork joint	rôti de porc
beef joint	rôti de bœuf

Si tu ne trouves pas de tranches de viande dans ton assiette, deux possibilités : tu as dit à ta famille que tu étais végétarien(ne) en voulant dire que tu aimais la verdure, ou alors, le petit pot recouvert de pâte feuilletée dans le coin de ton assiette est une beef pie (tourte au bœuf). Un bœuf bourguignon recouvert de pâte, en quelque sorte...

Which bit of chicken would you like?

Le poulet anglais ressemble comme deux gouttes d'eau au poulet français, même s'il court à gauche... Tu retrouveras donc tes morceaux préférés. Le blanc se dit **breast**, l'aile c'est **the wing**, la cuisse c'est **the leg**. **Can I have a leg and some breast, please?** (Je peux avoir une cuisse et du blanc, s'il vous plaît ?)

Extras

Ensuite, il y a tous les petits à-côtés que l'on ne trouve pas en France, et qui font très exotique dans ton assiette. Au palmarès du Sunday lunch, en accompagnement :

Les Yorkshire puddings sont faits à base de pâte à crêpe, et ressemblent un peu à des petits bols croustillants, que l'on remplit parfois de sauce. C'est délicieux, et ça remplace un peu le pain que l'on ne trouve pas à table en Angleterre.

Le stuffing est une farce, à base d'oignons et d'herbes, d'œuf et de pain, mais aussi parfois de chair à saucisse.

Les pigs in blankets, autrement dit les petits cochons emmitouflés dans leur couverture, sont en fait de petites saucisses (sausages) enroulées dans du bacon, et cuites au four.

Sauces

La reine des sauces anglaises est la gravy. On la sert à toutes les sauces, c'est le cas de le dire ! C'est simplement du jus de viande assaisonné et épaissi avec un peu de farine. On la présente dans une saucière, et chacun peut en verser dans son assiette.

Puis, suivant la viande que l'on te propose, tu verras différentes sauces sur la table.

La mint sauce, oui, la fameuse sauce à la menthe, est servie avec l'agneau. Elle est sucrée et citronnée. Tu peux en mettre une cuillerée dans un coin de ton assiette, ça ne t'engage à rien...

L'apple sauce, ou compote de pommes, est servie avec le porc. Ils sont fous, ces Anglais ! Sauf qu'on sert bien du boudin aux pommes, nous...

La bread sauce est une sorte de sauce blanche épaissie à la mie de pain. Il n'y a pas de pain sur la table, mais il y a une sauce au pain ! On la sert avec le poulet ou le porc.

How was your week?

Ton poulet baigne dans la gravy, tu as goûté les panais, ces carottes blanches qui, finalement, sont plutôt bonnes, et tu as une belle sélection de sauces dans ton assiette. Maintenant que tout le monde est servi et qu'on attaque, on te pose quelques questions sur ta semaine. Attention, on ne parle pas la bouche pleine !

So, how was your week?
Alors, comment s'est passée ta semaine ?

Did you have a good week?
Tu as passé une bonne semaine ?

Au fait, oui, comment s'est passée ta semaine ?

Did you have a nice week?

Une merveilleuse aventure, ou la cata totale ? Tout a dû marcher comme sur des roulettes, forcément, puisque tu as le guide Larousse en main !

I have had a great/awful week!
J'ai passé une semaine super/affreuse !

I'd like to stay for another week.
J'aimerais bien rester encore une semaine.

Et plus précisément, qu'est-ce qui t'a plu, à part le corner shop et son rayon impressionnant de sucreries ?

What did you like best?
Qu'est-ce que tu as préféré ?

I really enjoyed going to the language school.
J'ai vraiment aimé aller à l'école de langues.

I liked our trip to London.
J'ai bien aimé notre voyage à Londres.

Friday was my favourite day, when I went shopping.
J'ai préféré le vendredi, quand je suis allé(e) faire du shopping.

Au fait, les jours de la semaine, ils commencent par une majuscule et se terminent tous par « day », c'est facile. Mais les connais-tu tous ?

Monday	lundi
Tuesday	mardi
Wednesday	mercredi
Thursday	jeudi
Friday	vendredi
Saturday	samedi
Sunday	dimanche

Saurais-tu parler de ta semaine ? Parle au prétérit, puisque ce sont des actions qui se sont déroulées dans le passé.

On Monday, I went to school for the first time.
Lundi, je suis allé(e) à l'école pour la première fois.

Did you have a nice week?

On Tuesday, I went to the cinema. It was difficult to follow the film!
Mardi, je suis allé(e) au cinéma. Le film était difficile à suivre !

On Wednesday, I visited an interesting museum.
Mercredi, j'ai visité un musée intéressant.

I didn't like Thursday: I had a test at school.
Je n'ai pas aimé jeudi : j'ai eu un contrôle à l'école.

Tu parles, tu parles, et regarde : tu as fini ton assiette ! Attention, tu as une petite miette de Yorkshire pudding sur le menton. Là.

Le petit point de grammaire : le prétérit et le present perfect

Pas de quoi en faire une indigestion : ces deux temps sont faciles à digérer, et qui sait, tu voudras peut-être même du rab.

- Le prétérit est utilisé pour décrire des actions qui se sont déroulées et se sont terminées dans le passé :

  I spent a week in England.
  J'ai passé une semaine en Angleterre. (Et tu en es sorti(e) indemne, ouf !)

- Alors que le present perfect décrit des actions qui ont commencé dans le passé, mais qui ne sont pas terminées, ou bien qui ont des conséquences dans le présent :

  I've spent a week in England already.
  J'ai déjà passé une semaine en Angleterre. (Et ce n'est pas fini ! Tu n'as fait que la moitié de ton séjour...)

- Au prétérit, la plupart des verbes se terminent en -ed, mais les verbes irréguliers (comme ici spent) sont à apprendre par cœur. On utilise « did » dans les questions et les négations.

  I didn't go to London; I missed the bus.
  Je ne suis pas allé(e) à Londres ; j'ai raté le car. (Et depuis ils sont revenus ! Tu aurais dû mettre ton réveil à sonner...)

- Au present perfect on utilise l'auxiliaire have + le participe passé du verbe, qui, s'il n'est pas irrégulier, se terminera aussi en -ed.

  I have never tried mint sauce.
  Je n'ai jamais goûté de la sauce à la menthe. (Ça ne fait pas partie de tes expériences, passées ou présentes.)

Bravo ! Tu as tout lu, tout compris. Tu as droit à une petite douceur, en récompense...

Dessert

Tu as encore un petit creux ? Alors, place au dessert, ou pudding, comme on dit ici. Voici quelques desserts préférés des Anglais. Si l'un d'entre eux te fait envie, pourquoi ne pas demander à ta famille de le préparer ?

I'd love to try apple pie.
J'aimerais bien essayer l'apple pie.

Could you make sticky toffee pudding, one day?
Pourriez-vous faire un sticky toffee pudding, un de ces jours ?

La custard est une sorte de crème anglaise, mais beaucoup plus épaisse. Elle est servie chaude ou froide, et accompagne presque tous les desserts !

Quant à la « crème anglaise » telle que tu la connais, c'est surtout en France qu'on la trouve...

L'apple pie est une tarte aux pommes chaude, recouverte de pâte. On peut la manger avec une boule de glace, ou de la custard.

Le crumble – tu y as peut-être déjà goûté ? Ce sont des fruits (pommes, rhubarbe, etc.) recouverts d'un mélange farine-beurre-sucre, dont l'aspect ressemble un peu à de la chapelure (to crumble veut dire émietter). Puisque c'est servi chaud, une boule de glace ou un peu de custard va très bien avec.

Le steamed sponge pudding est un gâteau à la consistance moelleuse (comme une éponge, d'où sponge), cuit à la vapeur (steam), servi tiède et, pourquoi pas, avec une boule de glace ou un peu de crème.

Le sticky toffee pudding, un pudding tiède également, mais celui-ci recouvert d'une sauce caramel-beurre à 5 000 calories la cuillerée. Alors, au point où l'on en est, allons-y, ajoutons une boule de glace !

Would you like a scoop of ice cream with your apple pie?
Veux-tu une boule de glace avec ton apple pie ?

Do you prefer custard or cream?
Préfères-tu de la custard ou de la crème ?

Tu n'as plus qu'à trouver un petit coin tranquille (une fois la vaisselle faite, bien entendu) pour aller digérer tout ça au calme et faire...

QUIZ Un petit quiz pour terminer !

Relie ces expressions à leur traduction. Elles ont toutes un rapport avec des ingrédients de ton Sunday lunch !

- ○ **You're such a chicken!**
- ○ **I'm full of beans!**
- ○ **It's as easy as pie!**

J'ai la patate !

T'es vraiment une poule mouillée !

C'est facile comme tout !

Trouve l'intrus dans ces légumes :

- ○ **Parsnip**
- ○ **Cauliflower**
- ○ **Sponge**
- ○ **Beans**

15

A special day!

Les Anglais ne font rien comme tout le monde ! Tu croyais avoir fait le tour de leurs excentricités ? Tu n'as encore rien vu ! Suivant la période de ton séjour, tu croiseras un lapin amateur de chocolat, un lutin vert tenant un trèfle à la main, des squelettes et des citrouilles faisant du racket de bonbons, ou bien encore un homme rondouillet disant « Ho! Ho! Ho! »...

Ici, on ne sait jamais à quoi s'attendre... Même Noël et le jour de l'An ont des coutumes différentes. Tu as apporté tes beaux habits du dimanche ? Parfait ! Let's party!

What's the date today?

Au fait, quel jour sommes-nous ? Sais-tu dire la date en anglais ? Se passe-t-il quelque chose de particulier aujourd'hui ? Attention, si tu es superstitieux(se), méfie-toi : le vendredi 13 porte malheur (it is bad luck) ici aussi !

What's the date today?
Quelle date sommes-nous aujourd'hui ?

Today is Friday the 13th (thirteenth).
Aujourd'hui nous sommes le vendredi 13.

Today is January the 10th (tenth).
Aujourd'hui nous sommes le 10 janvier.

Petit rappel des mois en anglais, pour qu'il n'y ait aucun doute. Ils prennent tous une majuscule, comme les jours de la semaine, et peuvent être abrégés.

January	**(Jan)**	janvier
February	**(Feb)**	février
March	**(Mar)**	mars
April	**(Apr)**	avril
May	**(May)**	mai
June	**(Jun)**	juin
July	**(Jul)**	juillet
August	**(Aug)**	août
September	**(Sept)**	septembre
October	**(Oct)**	octobre
November	**(Nov)**	novembre
December	**(Dec)**	décembre

Les petits pièges à éviter
Dans **eighth**, il y a un seul **t** et dans **ninth** le **e** de **nine** a disparu.

Souviens-toi qu'on utilise les nombres ordinaux (1er, 2e, etc.) pour exprimer la date. Si tu as besoin d'un petit aide-mémoire pour ces chiffres, le voici ! Une fois les trois premiers passés, le reste est plus facile.

1st	**first**	premier(ère)
2nd	**second**	deuxième, second(e)
3rd	**third**	troisième
4th	**fourth**	quatrième
5th	**fifth**	cinquième
6th	**sixth**	sixième
7th	**seventh**	septième
8th	**eighth**	huitième
9th	**ninth**	neuvième
10th	**tenth**	dixième
11th	**eleventh**	onzième
12th	**twelfth**	douzième
13th	**thirteenth**	treizième
14th	**fourteenth**	quatorzième
etc.		
20th	**twentieth**	vingtième

Les petits pièges à éviter
Dans **5th**, le **ve** de **five** est remplacé par un **f**.
Dans **12th**, le **ve** de **twelve** est remplacé par un **f**.
Dans **20th**, le **y** de **twenty** est remplacé par **ie**.

Christmas and other festivities

21st	**twenty-first**	vingt et unième
25th	**twenty-fifth**	vingt-cinquième
30th	**thirtieth**	trentième
31st	**thirty-first**	trente et unième

À l'écrit, les deux formules 9 April 2012 et 9th April 2012 sont possibles. On peut aussi abréger le mois : 9 Apr 2012. Aux États-Unis, on préfère écrire le mois avant le jour : Apr(il) 9, 2012.

À l'oral, on dira It's the 9th of April ou It's April the 9th.

UK festivals

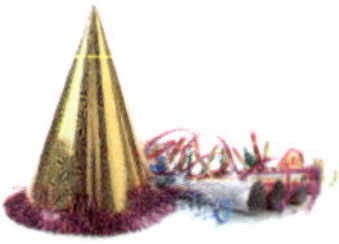

Se promener avec une couronne dorée sur la tête en janvier ou avec un poisson dans le dos le 1er avril nous semble normal en France, mais que font nos amis britanniques ? Que nous réserve le calendrier des fêtes (festivals) et jours fériés (bank holidays) au Royaume-Uni ? Lis ce chapitre, et tu seras incollable !

Christmas (Dec 25th)

Les préparatifs de Noël (Christmas) commencent tôt ici. À peine rangées les décorations de Halloween que, dans les magasins, apparaissent les Christmas cards (cartes de vœux envoyées ou données en main propre à toutes ses connaissances : amis, collègues, famille), les Christmas crackers (les « pétards de Noël », petits tubes qui craquent quand on les ouvre et qui contiennent un chapeau en papier, un petit cadeau et une blague du style « Carambar »), les Christmas decorations, guirlandes (tinsel), boules (baubles), et les spécialités de Noël.

Christmas and other festivities

Les semaines précédant Noël, on peut assister à des concerts de Christmas Carols, ou chants de Noël, organisés par des écoles, chorales ou églises. Tu connais sûrement Jingle Bells sur l'air de « Vive le vent », mais il en existe des dizaines d'autres que tout le monde fredonne et chante en famille.

Il ne se passe rien d'exceptionnel la veille de Noël (Christmas Eve). Ne t'attends pas à un somptueux réveillon avec un beau plateau de fruits de mer. Il faudra oublier ta déception en te lançant corps et âme dans des Christmas Carols à la messe de minuit (Midnight Mass) et en grignotant une mince pie (tartelette aux fruits secs et aux épices).

Merry Christmas!
Joyeux Noël !

En revanche, le jour de Noël (Christmas Day), après que Santa est passé, guidé par son renne Rudolph the red nose reindeer (Rudolphe, le renne au nez rouge), et qu'on a ouvert ses cadeaux placés au pied du sapin et dans les Christmas stockings (chaussettes de Noël), le gavage peut commencer ! On mange un énorme Christmas lunch en début d'après-midi, avant d'aller digérer sur le canapé en regardant le message de Noël de la reine, the Queen's speech, retransmis à la télé.

Fais craquer ton Christmas cracker et mets-toi à table :

turkey	dinde
Brussel sprouts	choux de Bruxelles
roast potatoes	pommes de terre rôties au four
vegetables	légumes
cranberry sauce	sauce de canneberges (petites baies rouges), ressemblant un peu à de la gelée de groseilles

On retrouve aussi dans son assiette les Yorkshire puddings, le stuffing et les pigs in blankets que tu as déjà rencontrés dans un autre chapitre.

Pour le dessert, on sert le fameux Christmas pudding, un gâteau aux fruits secs, à l'alcool et aux épices, préparé des mois à l'avance (ou acheté la veille au supermarché). On l'arrose de rhum, on le fait flamber à table, et on le sert avec une crème ou un beurre au cognac (brandy cream ou brandy butter).

Le lendemain de Noël, Boxing Day, est également férié. Non, ce n'est pas l'occasion de régler ses comptes sur le ring si l'on n'a pas reçu les cadeaux que l'on souhaitait ! C'est le « jour des boîtes de Noël ». Traditionnellement, les églises distribuaient aux pauvres les offrandes laissées par les fidèles dans des boîtes durant la messe de Noël. De nos jours, Boxing Day, c'est plutôt « restes de dinde », « soldes dans les magasins » et « matchs de foot »...

New Year (Jan 1st)

Robert Burns

La Saint-Sylvestre est appelée New Year's Eve, mais aussi Hogmanay en Écosse. Aux douze coups de minuit, on chante Auld Lang Syne (un poème de Robert Burns) en formant un cercle et en se tenant la main. Les Écossais se rendent visite peu après entre voisins, amis, et apportent un bout de charbon, du whisky ou des biscuits (shortbread) pour porter chance à leurs hôtes. Cette tradition s'appelle first footing ; en gros : « la première personne à mettre les pieds chez nous ».

Happy New Year!
Bonne année !

Le 2 janvier est férié en Écosse uniquement (pour aider les Écossais à récupérer après la fête ?).

Burns Night (Jan 25th)

C'est une fête écossaise qui célèbre le poète Robert Burns (1759-1796). Au cours du Burns Supper (le dîner de Burns), on récite des poèmes (impossibles à comprendre si tu n'es pas tombé tout petit dans la marmite !), on mange des neeps and tatties (rutabaga et pommes de terre en purée, en dialecte écossais), du haggis (farce aux abats et aux céréales, qui dans le temps se cuisait dans une panse de brebis)... et on boit beaucoup de whisky.

haggis

Blue Monday (3rd Monday in January)

Le troisième lundi du mois de janvier est officiellement le jour le plus déprimant de l'année. L'hiver n'en finit pas, tout le monde est fauché et pèse quelques kilos de trop après les fêtes. Le lundi, de toute façon, c'est jamais drôle... Alors on a le blues, ou le cafard, d'où le nom Blue Monday. On ne fait rien de spécial ce jour-là, à part se plaindre, râler, et attendre qu'il passe.

I'm so depressed...
J'ai la déprime...

I'm fed up...
J'en ai marre...

I feel blue.
J'ai le moral dans les chaussettes.

Valentine's Day (Feb 14th)

On fête aussi la Saint-Valentin ici, avec une carte, qui peut être envoyée anonymement (a secret Valentine's card).

Will you be my Valentine?
Veux-tu être mon Valentin, ma Valentine ?

Mother's Day (Mar / Apr)

Les mamans anglaises ont leur fête avant les françaises, trois semaines avant Pâques. On offre une carte achetée (le marché des cartes se porte très bien ici) ou faite main, des fleurs, un petit cadeau.

Happy mother's day!
Bonne fête, maman !

St Patrick's Day (Mar 17th)

La fête des Irlandais est un jour férié en Irlande et en Irlande du Nord ; elle est fêtée par beaucoup d'Irlandais dans le monde entier, notamment aux États-Unis. On s'habille en vert, on se peint une feuille de trèfle (shamrock) sur la figure, on se déguise en leprechaun (le lutin irlandais qui cache de l'or au bout des arcs-en-ciel), on chante ou on joue de la musique. Et puis on trinque à la Guinness, la bière presque noire d'Irlande.

Red Nose Day (2nd or 3rd Friday in March)

Rien à voir avec le rhume. Une année sur deux, tout le Royaume-Uni s'investit dans Red Nose Day (« le jour des nez rouges de clowns ») pour collecter des fonds destinés aux démunis en faisant quelque chose de drôle. Les enfants vont à l'école en pyjama, les hommes se font épiler les jambes, etc. Les personnalités britanniques se prêtent aussi au jeu, et un téléthon est retransmis à la télévision. Le slogan est :

Do something funny for money!
Faites quelque chose de drôle pour récolter des fonds !

Ça sonne mieux en anglais...

Easter Sunday (Mar / Apr)

À Pâques, c'est le Easter Bunny (le lapin de Pâques) qui laisse généreusement du chocolat dans les jardins, et non pas les cloches. Le dimanche de Pâques, on mange des hot cross buns au petit déjeuner, et plus tard des Easter eggs (les œufs de Pâques), bien sûr.

Happy Easter!
Joyeuses Pâques !

April Fools' Day (Apr 1st)

Pas de poissons d'avril ici, mais on peut quand même faire toutes sortes de farces, en criant April fool! après avoir piégé sa proie. Attention : on a le droit de faire des blagues jusqu'à midi seulement car, comme chacun sait, les plaisanteries les plus courtes sont les meilleures...

April fool!
Poisson d'avril !

a prank
une farce

a joke
une blague

Diwali (Oct / Dec)

Diwali, ou « la fête des lumières », est la fête la plus importante chez les hindous. On célèbre le triomphe du bien sur le mal en allumant des bougies, des pétards, en faisant la fête !

Hallowe'en ou Halloween (Oct 31st)

Cette fête maintenant mondiale a ses origines en Écosse. On se déguise afin d'échapper aux esprits qui reviennent sur terre ce soir-là à la recherche d'humains. Les enfants vont de porte en porte pour quémander des bonbons en disant « trick or treat! » – si on ne leur donne pas de sucreries (treat), ils vous joueront un tour (trick). On décore les maisons avec des lanternes en citrouille, des toiles d'araignée, des fantômes...

a witch	une sorcière
a ghost	un fantôme
a spider	une araignée
a pumpkin	une citrouille

Bonfire Night (Nov 5th)

Le 5 novembre 1605, Guy Fawkes (un catholique) et ses complices tentèrent de faire exploser le palais de Westminster (et par la même occasion d'assassiner le roi protestant Jacques Ier, James I). Cet attentat échoua et ils furent exécutés. On brûle encore de nos jours une effigie de Guy Fawkes dans un grand feu (bonfire) pour commémorer cette date. On fait également un feu d'artifice (fireworks), et on lance des pétards (to let off firecrackers).

Remembrance Day (Nov 11th)

Le jour du souvenir, célébré le 11 novembre (Remembrance Day ou Poppy Day) n'est pas férié mais on observe une minute de silence à 11 heures. C'est le 2e dimanche de novembre

(Remembrance Sunday) que se déroule la cérémonie au monument aux morts. On y dépose une couronne de coquelicots rouges en papier. Ce symbole associé à la mémoire de ceux qui sont morts à la guerre vient d'un poème écrit pendant la Première Guerre mondiale qui évoque les coquelicots poussant sur les tombes des soldats. Le jour du Souvenir est l'occasion de ventes de coquelicots en papier au profit des anciens combattants.

It's my birthday!

Tu fêtes ton anniversaire pendant ton séjour ? Quelle chance ! On va te chanter Happy birthday to you!

When is your birthday?
C'est quand, ton anniversaire ?

Today is my birthday!
C'est mon anniversaire, aujourd'hui !

On t'offrira sûrement au moins une carte pour ton anniversaire (a birthday card). On raffole des cartes ici. Il y en a pour toutes les occasions : pour remercier la maîtresse à la fin de l'année, pour un enfant qui rentre à l'école primaire, pour avoir passé son permis de conduire...

Allez, pour fêter ton anniversaire, fais-toi plaisir :

QUIZ Un petit quiz pour terminer !

Quand est-ce qu'on allume des fireworks ?

- ❍ Christmas
- ❍ Easter
- ❍ Bonfire Night

Écris cette date en anglais : vendredi 11 juillet :

....

16

Help!

Service de secours
Si tu dois signaler une agression, un vol ou un accident, un numéro d'urgence à retenir est le 999. L'appel est gratuit ! Tu peux aussi appeler le 112 qui est le numéro d'urgence unique pour toute l'Union européenne.

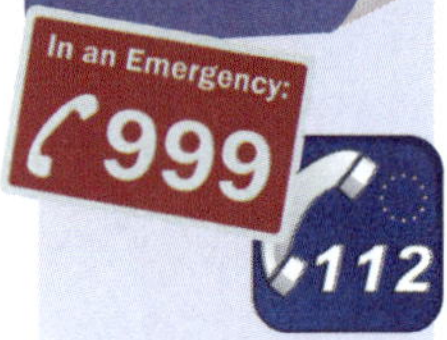

Ce matin, tu te réveilles avec les yeux bouffis et des boutons partout ! Intoxication aux baked beans ? Réaction violente aux verbes irréguliers ? Allergie brutale aux napperons ? Ou bien choc à retardement dû au décalage horaire ? On ne peut écarter aucune hypothèse !

Comment expliquer à ta famille d'accueil que tu ne vas pas bien ? Si tu fais ton entrée dans la cuisine en rampant par terre, le teint verdâtre, et que tu vas vomir dans la gamelle du chat, tu arriveras sûrement à transmettre l'essentiel du message. Mais si tu penses pouvoir articuler quelques mots, ce chapitre va t'aider.

Is there a problem?

Face à un incendie (a fire), une agression (an attack) ou un voleur (a thief), auras-tu la présence d'esprit de trouver la formule juste ? Un accident ou une urgence ne sont jamais faciles à gérer, surtout dans une langue étrangère ! Voici quelques formules (à apprendre par cœur) qui t'éviteront de feuilleter frénétiquement ton guide. Tu te sentiras plus rassuré(e) et, surtout, plus utile.

Watch out!
Attention !

Help!
Au secours !

Fire!
Au feu !

Call the police / the fire brigade.
Appelez la police / les pompiers.

We need a doctor / an ambulance.
Nous avons besoin d'un médecin / d'une ambulance.

What's wrong?

À voir ta tête, tes hôtes ont tout de suite compris que ça ne va pas très fort ce matin. Aide-les à cerner le problème pour éviter les quiproquos... Si tu as mal à la tête, tu ne veux pas te retrouver avec un bras dans le plâtre !

What's wrong?
Qu'est-ce qui ne va pas ?

Are you feeling ok?
Tu te sens bien ?

Entre deux haut-le-cœur, tu t'efforces de répondre :

I'm not feeling well.
Je ne me sens pas bien.

I'm a bit under the weather.
Je ne suis pas trop dans mon assiette.

I'm ill.
Je suis malade.

I feel sick.
Je suis malade. / J'ai envie de vomir.

Qu'est-ce qui ne va pas, exactement ?

I think I've got a cold.
Je crois que j'ai un rhume.

I've got a temperature.
J'ai de la fièvre.

I've got a headache.
J'ai mal à la tête.

My back aches.
J'ai mal au dos.

Il ne suffit pas d'avoir mal, encore faut-il savoir où !

Sick
L'adjectif **sick** peut vouloir dire « malade » en général, comme son synonyme **ill**, ou bien, plus particulièrement, « avoir mal au cœur » ou « avoir envie de vomir ».
To feel sick = être malade / avoir mal au cœur.
To be sick = être malade / vomir.

Feeling sick?

head	tête
ear	oreille
eye	œil
hair	cheveux
mouth	bouche
neck	cou
nose	nez
throat	gorge
tooth	dent
back	dos
stomach	estomac
belly	ventre
arm	bras
elbow	coude
finger	doigt
hand	main
nail	ongle
shoulder	épaule
leg	jambe
foot	pied
knee	genou
toe	orteil

Les petits pièges à éviter

Souviens-toi que hair est singulier :

My hair is curly.
Mes cheveux sont frisés.

Hairs (pluriel) désigne plutôt les poils.

Ache

Ache s'emploie pour traduire « avoir mal à... », soit comme un nom, précédé de la partie du corps qui fait mal :

I've got backache.
(J'ai mal au dos.),

soit comme un verbe :

My back aches.
(Mon dos me fait mal.)

Les petits pièges à éviter

N'oublie pas que le pluriel de tooth est teeth et celui de foot est feet.

At the doctor's

Tu es de plus en plus vert ? Il va falloir faire appel aux professionnels.

Can you call the doctor?
Vous pouvez appeler le médecin ?

I think I need to go to the doctor's.
Je crois qu'il faut que j'aille chez le médecin.

Tu te sens encore plus mal à l'idée de devoir expliquer tes symptômes (symptoms) en anglais.

"Doctor, doctor" jokes

Il existe toute une série de blagues commençant par « Doctor, doctor », dans lesquelles un patient explique son problème au docteur qui lui donne un conseil ou remède insensés. Plus elles sont lourdes, mieux c'est ! Est-ce que tu comprends celles-ci ?

'Doctor, doctor, I've got amnesia!'
'Go home and forget about it.'

'Doctor, doctor, I snore so loudly I keep myself awake.'
'Have you tried sleeping in another room?'

'Doctor, doctor, I think I need glasses.'
'You certainly do. This is a restaurant.'

What's the matter with you?
Qu'est-ce qui ne va pas ?

I have a sore throat.
J'ai mal à la gorge.

I cough a lot.
Je tousse beaucoup.

I have an itchy rash.
J'ai une éruption qui me démange.

I'm covered in spots.
Je suis couvert(e) de boutons.

Are you on any medication?
Vous prenez des médicaments ?

I take these tablets.
Je prends ces cachets.

I'm diabetic.
Je suis diabétique.

I'm allergic to penicillin.
Je suis allergique à la pénicilline.

On consomme un peu moins de médicaments en Grande-Bretagne qu'en France, alors ne t'étonne pas si le médecin te renvoie chez toi sans ordonnance (prescription). Tu peux toujours aller

Bless you!
L'expression équivalente de « À vos/tes souhaits ! » lorsqu'on éternue (to sneeze) est Bless you! C'est la version abrégée et un peu moins sérieuse de God bless you! (que Dieu vous bénisse).

Feeling sick?

faire un petit tour à la pharmacie pour t'acheter des pastilles pour la gorge (cough sweets)...

At the chemist's

Il existe plusieurs chaînes de pharmacies, dont la plus connue est Boots®. On y vend des médicaments, mais aussi un peu de tout : des jouets, des cadeaux, des sandwichs ! On trouve aussi des médicaments dans les supermarchés.

Et que vas-tu répondre si on te demande What do you need?

I would like...	Je voudrais...
some aspirin	de l'aspirine
some cough medicine	du sirop pour la toux
some plasters	des pansements
some sanitary towels	des serviettes hygiéniques
some tampons	des tampons

Le petit point de grammaire : le « s » possessif

On ne t'apprend rien en te disant que le -'s est utilisé en anglais pour indiquer la possession :

My brother's stinky socks.
Les chaussettes puantes de mon frère.

Et tu sais bien sûr que pour les noms au pluriel se terminant par un « s », le -'s se transforme en simple apostrophe :

My parents' annoying habits.
Les habitudes agaçantes de mes parents.

Mais savais-tu qu'on omet parfois le nom qui vient après le -'s, comme par exemple pour la maison (house) de quelqu'un, un magasin (shop) ou un cabinet médical (surgery), parce que ce mot est implicite ? On peut traduire ce -'s par « chez » en français :

I need to go to the chemist's. (= "chemist's shop")
Il faut que j'aille à la pharmacie.
I'm going to the doctor's. (= "doctor's surgery")
Je vais chez le médecin.
I'm staying at my friend's tonight. (= "friend's house")
Je dors chez mon copain / ma copine ce soir.

Feeling sick?

some tissues	des mouchoirs
an antiseptic	un antiseptique
a painkiller	un calmant
tablets	des comprimés
pills	des pilules
drops	des gouttes
cream	une pommade
a laxative	un laxatif
suppositories	des suppositoires

Les petits pièges à éviter
Attention aux faux amis : a plaster est un pansement, alors qu'un plâtre se dit a cast.

Si tu n'es pas vraiment sûr(e) de ce dont tu as besoin, demande conseil :

Have you got something for...
Vous avez quelque chose contre...

a headache
le mal de tête

a stomach ache
les maux d'estomac

diarrhoea [daille oh ria]
la diarrhée

the flu
la grippe

sunburn
un coup de soleil (blague !)

Mieux vaut prévenir...
Il n'est pas nécessaire de se faire vacciner avant de se rendre en Grande-Bretagne. Mais c'est l'occasion de vérifier que tu es à jour dans tes vaccins (ROR, diphtérie, tétanos, poliomyélite...). Pour les séjours prolongés, une vaccination contre la méningite à méningocoque C est conseillée.

At the dentist's

Rien de tel qu'un bon mal de dents (toothache) pour pimenter les vacances ! Cette molaire qui te chatouillait avant de partir te donne maintenant envie de sauter par la fenêtre ? À moins que tu n'aies laissé une canine dans la chicken pie ? Bref ! Tu dois trouver un dentiste, et ça urge !

I need a dentist.
J'ai besoin d'un dentiste.

Tu en fais des histoires pour un suppositoire ! Pour les Britanniques, c'est pratiquement une atteinte aux droits de l'homme que de se faire prescrire des suppositoires. C'est barbare, sadique et disgusting. On n'y a recours que lorsque c'est une question de vie ou de mort, et encore... Idem pour prendre sa température (to check one's temperature) : le thermomètre (thermometer) est placé dans la bouche ou sous l'aisselle, mais jamais plus bas...

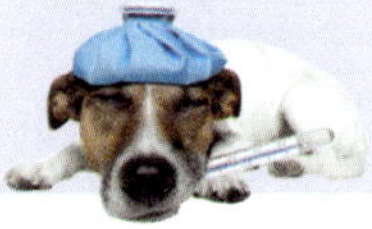

Feeling sick?

Face à ce dentiste sadique (pléonasme ?) qui agite sa fraise sous ton nez, tu passes immédiatement aux aveux :

I have toothache.
J'ai une rage de dents.

One of my teeth / molars hurts.
J'ai mal à une dent / à une molaire.

I've lost a filling / crown.
J'ai perdu un plombage / une couronne.

I think I've got tooth decay.
Je pense que j'ai une carie.

Do you need to pull my tooth out?
Devez-vous m'arracher la dent ?

Le moment que tu craignais tellement arrive :

Open your mouth!
Ouvre la bouche !

Dans un dernier souffle, tu supplies :

Please doctor, give me local anaesthetics!
Par pitié, docteur, faites-moi une anesthésie locale !

Respire doucement, pense à des choses agréables, ça peut aider ! Ou alors, profites-en pour réviser quelques mots de circonstance :

the dental practice	le cabinet dentaire
braces	l'appareil (dentaire)
tooth decay	la carie
filling	l'obturation, le plombage
to rinse one's mouth	se rincer la bouche
to spit	cracher

At A&E

En espérant que tu n'auras pas besoin de cette section du guide pendant ton séjour : les urgences au Royaume-Uni s'appellent A&E, l'abréviation de Accident and Emergency Department. Quelques phrases tout de même, au cas où :

Feeling sick?

I need to go to hospital.
Il faut que j'aille à l'hôpital.

I fell.
Je suis tombé(e).

I hurt myself.
Je me suis fait mal.

I think I broke my arm.
Je crois que je me suis cassé le bras.

My blood group is O negative.
Mon groupe sanguin est O négatif.

I've lost my bag!

Tu as oublié ta tablette numérique dans un café ? Ton blouson neuf dans le bus ? Et ta tête ? Un honnête citoyen a pu les trouver et les ramener au bureau des objets trouvés (lost property office). Il n'est pas interdit de rêver !

I've lost...
J'ai perdu...

Do you know if somebody has found...?
Savez-vous si quelqu'un a trouvé... ?

It's a small red shoulder bag, made of fabric.
C'est une petite sacoche rouge, en tissu.

Stop thief!

Est-ce utile de te dire de ne pas laisser traîner ton appareil photo ou ton portable lorsque tu es sur une terrasse ? Ni ton sac ouvert pendant que tu te balades ! Au Royaume-Uni, comme partout, il y a des voleurs, et particulièrement dans les endroits touristiques. Ils guettent les insouciants qui laissent leur sac ou leur portefeuille sans surveillance. Que tu aies été victime d'un pickpocket (a pickpocket) ou d'un vol à l'arraché (bag snatching), le passage au commissariat (police station) s'impose, voire la visite au consulat (the

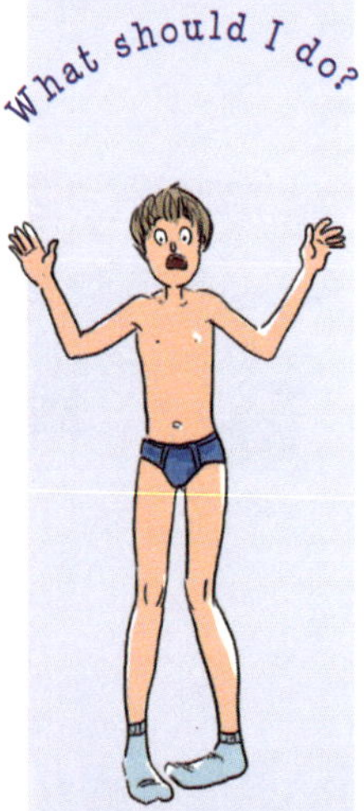

consulate) si tes papiers sont partis avec le sac ! Ta famille d'accueil t'accompagnera, certes, dans toutes les démarches, mais il faudra déjà leur expliquer ce qui t'est arrivé :

My shoulder bag / my wallet / my handbag has been stolen.
On m'a volé ma sacoche / mon portefeuille / mon sac à main.

My money and my passport were in it.
Il y avait de l'argent et mon passeport.

I want to report the theft.
Je veux faire une déclaration de vol.

What should I do?
Que dois-je faire ?

Si tu as vu ton voleur et que tu dois le décrire, retour au chapitre 1 ! Au commissariat comme chez le médecin, tu vas certainement devoir attendre. Profites-en pour faire...

QUIZ Un petit quiz pour terminer !

Relie ces expressions à leur traduction, et essaie de comprendre ce qu'elles veulent dire mot pour mot. Elles contiennent toutes le nom d'une partie du corps :

It costs an arm and a leg.	Ne t'excite pas !
From head to toe.	Ça coûte les yeux de la tête.
Keep your hair on!	Il ne peut pas s'empêcher de l'ouvrir.
He's got a big mouth.	De la tête aux pieds.
It's better than a kick in the teeth.	D'un autre côté...
On the other hand...	C'est mieux que rien.

Quel est l'intrus dans cette armoire à pharmacie ?

- ❍ **Tissues**
- ❍ **Toes**
- ❍ **Plasters**
- ❍ **Cough medicine**

17

Keep in touch...

Tu en as fait des progrès, cette semaine ; ton prof d'anglais va en être sur le bottom ! Tu t'es présenté(e) à ta famille d'accueil, tu as fait de nouvelles connaissances à l'école, tu as même adressé la parole à des inconnus (le chauffeur de bus, le bobby dans les rues de Londres, la dame de la cantine) et tu as fait quelques essais de SMS. Bref, c'est bien en anglais que tu as communiqué ! Faisons un petit récapitulatif tout de même, à garder à portée de main au cas où...

Hello, goodbye

Les expressions de base, tu les connais bien sûr. On survole vite fait, juste pour se les remettre en tête :

Hello!
Bonjour !

Hi!
Salut !

Goodbye! / Bye!
Au revoir !

See you later!
À plus tard !

Thank you. / Thanks.
Merci.

You're welcome.
De rien.

Excuse me...?
Excusez-moi... ?

Sorry!
Désolé(e) !

Please.
S'il te / vous plaît.

Communication

Yes.
Oui.

No.
Non.

Quant à ces phrases, elles te sont tellement familières qu'il t'arrive même de les prononcer en dormant :

I'd like...
Je voudrais...

Can I...?
Est-ce que je peux... ?

How much is it?
Combien est-ce que ça coûte ?

There is / there are...
Il y a...

Where is...?
Où est... ?

What does it mean?
Qu'est-ce que ça veut dire ?

I don't understand.
Je ne comprends pas.

Can you repeat, please?
Vous pouvez répéter, s'il vous plaît ?

Body language

Les Italiens ont la réputation de s'exprimer autant par les gestes que par la parole. Et en Grande-Bretagne, on attribue aux Français le haussement d'épaules accompagné d'une moue (un bon gros « Bof ! », en quelque sorte). Les Anglais ont, eux aussi, leurs gestes particuliers pour communiquer. En voici quelques-uns :

Perfect!
C'est parfait !

On se sert de ce geste pour dire que tout va bien, mais on utilise tout aussi bien le pouce en l'air, comme en France... et comme chez les empereurs

romains.

Time out!
On fait la pause !

À utiliser simplement pour faire une petite pause, ou dans les situations tendues (« On se calme ! »), ce geste en forme de T a ses origines dans le sport américain, pour les arrêts de jeu. En Grande-Bretagne, of course, on peut aussi interpréter ce T en Tea? (Tu veux une tasse de thé ?).

Loser!
Tocard !

À ne pas faire devant n'importe qui, parce que ce n'est pas très poli. Ce « L » sur le front s'emploie pour se moquer de quelqu'un qui dit ou fait quelque chose de nase. Fais-le uniquement avec la main droite, sinon le « L » sera à l'envers, et le loser, ce sera toi...

Fingers crossed!
Je croise les doigts !

Fais-le si tu veux mettre toutes les chances de ton côté !

Air quotes.
Entre guillemets (virtuels).

Fais des petites oreilles de lapin avec tes doigts, et replie-les deux fois pour mettre un mot entre « guillemets ». Ça s'appelle des air quotes (guillemets dans l'air), et l'on s'en sert pour mettre un mot en valeur, et montrer qu'on est ironique. Par exemple : Thanks for your "help"! (Merci de m'avoir « aidé(e) » ! – Tu parles d'une aide...).

Can I use the phone?

Que ce soit pour rassurer tes parents (« Mais oui maman, ils me donnent assez à manger ! »), ou pour leur demander quelque chose (« Je peux

m'installer ici ? La famille est d'accord ! » ou bien « Vous pouvez m'envoyer un peu d'argent ? 300£ devraient suffire »), rien de plus simple que de passer un coup de fil (to ring).

Si tu as un portable (a mobile phone ou a mobile) et qu'il marche à l'étranger, tu n'as qu'à composer le numéro (to dial the number), et voilà !

Tu n'as pas de portable ou ton forfait est un lointain souvenir ? Tu devras demander la permission d'utiliser le fixe (the landline) à la maison :

Can I use the phone, please?
Est-ce que je peux passer un coup de fil, s'il vous plaît ?

I'd like to call my family.
Je voudrais appeler ma famille.

Si tu te retrouves seul(e) chez tes hôtes, et que le téléphone sonne, tu peux laisser le répondeur (the answerphone) prendre le message, ou, n'écoutant que ton courage, répondre toi-même ! Attention, n'accepte aucune proposition de nouvelle cuisine ou de volets électriques pour toutes les fenêtres de la maison...

– **Hello?**
Allô ?

– **Who's calling?**
Qui est à l'appareil ?

– **Hello, it's Charlotte. Is Andrew there?**
Bonjour, c'est Charlotte, est-ce que Andrew est là ?

– **Could I speak to him please?**
Est-ce que je peux lui parler, s'il vous plaît ?

– **One moment, don't hang up, I'll put him on.**
Un instant, ne raccroche pas, je te le passe.

– **Here he is now.**
Il est là, je te le passe.

– **He isn't here, he's out.**
Il n'est pas là, il est sorti.

- **I'll call back later.**
  Je rappellerai plus tard.
- **He can't get to the phone right now.**
  Il ne peut pas répondre.
- **Could you give him a message?**
  Pouvez-vous lui transmettre un message ?
- **Who is it from?**
  De la part de qui ?

Si tu entends : I think I've got the wrong number, c'est que ton interlocuteur a composé un faux numéro, ou... qu'il n'a rien compris à ce que tu viens de lui dire...

Et si l'on t'envoie un SMS (a text message) en anglais, la page 76 t'aidera à le déchiffrer.

The computer

Tes hôtes sont de vrais geeks et chez eux, il y a tout pour faire ton bonheur : ordinateur, tablette tactile, Wii... Mais avant de te jeter sur l'ordi (the computer), n'oublie pas de demander la permission :

Can I use the computer?
Puis-je utiliser l'ordinateur ?

Tu sais évidemment tout cela, mais ta prudence va les rassurer :

How do I switch the computer on / off?
Comment est-ce que j'allume / j'éteins l'ordinateur ?

How do I go online / offline?
Comment est-ce que je me connecte / déconnecte ?

La souris te tient tête ?

I can't connect to the internet.
Je n'arrive pas à me connecter à Internet.

I've got a problem, the computer's crashed.
J'ai un problème, l'ordinateur a planté.

Azerty Qwerty

Ton texte est truffé de fautes ? Normal, les touches du clavier ne sont pas disposées de la même façon que les nôtres. Pour une fois que tu as une excuse ! Nos voisins anglais emploient le Qwerty (les six premières lettres de la première rangée), tandis que tu es habitué(e) à un clavier Azerty. Mais ce n'est pas la seule différence : il n'y a pas de caractères accentués, les accents se font en appuyant sur plusieurs touches en même temps. Regarde sur la page à côté…

Communication

Mais ! C'est quoi ce fichu clavier ?

I can't find the "at" symbol on the keyboard.
Je ne trouve pas l'arobase sur le clavier.

Bon, à part le détail non négligeable du clavier, le reste, tu connais !

the screen	l'écran
the keyboard	le clavier
the key	la touche
the mouse	la souris
the software	le logiciel
the menu	le menu
the file	le fichier
the folder	le dossier
to click	cliquer
to copy and paste	copier-coller
to cut	couper
to download	télécharger
to save	sauvegarder
to delete	effacer

Décidément, ce n'est pas encore aujourd'hui que tu vas arrêter de tapoter sur un clavier !

At the cybercafé

Tu ne veux pas abuser de la patience de tes hôtes, alors pour pouvoir consulter tes mails et suivre l'actualité de tes potes sur tes réseaux sociaux chéris, tu te diriges vers le cybercafé.

Where is there a cybercafé?
Où y a-t-il un cybercafé ?

How much is it to be connected for an hour?
Combien ça coûte de se connecter une heure ?

Which computer shall I go to?
Sur quel poste je me mets ?

What's the password to log on?
Quel est le mot de passe pour se connecter ?

How do I get on to Skype?
Comment je fais pour me connecter sur Skype ?

Tu y trouveras tout le matériel qu'il te faut :

Can I have a mic [maille-ke] / a headset / a webcam?
Puis-je avoir un micro / un casque / une webcam ?

How do I get the webcam to work?
Comment faire pour mettre en route la webcam ?

I'd like to print off / scan a document.
Je voudrais imprimer / scanner un document.

Can I burn a CD?
Est-ce que je peux graver un CD ?

Where do you put the USB key?
Où est-ce qu'on insère la clé USB ?

Te voilà dans ton élément, heureux comme un sachet de thé dans l'eau chaude !

I'll send you an email

Tu te souviens comment demander à quelqu'un son adresse mail :

What's your email address?
Quelle est ton adresse mail ?

Here's my email address.
Voici mon adresse mail.

Petit rappel de l'essentiel à savoir, pour ne pas la noter de travers :

"at" symbol	l'arobase
dot	le point
colon	le deux-points
underscore	le tiret touche 8
hyphen	le trait d'union
foward slash	la barre oblique

Les caractères accentués

Enclenche le bouton « Num Lock » en haut à droite, au-dessus du pavé numérique, et saisis ces codes, en gardant un doigt sur la touche « alt » :

alt + 133	à
alt + 131	â
alt + 145	œ
alt + 135	ç
alt + 130	é
alt + 138	è
alt + 136	ê
alt + 137	ë
alt + 140	î
alt + 139	ï
alt + 147	ô
alt + 0156	œ
alt + 150	û
alt + 151	ù
alt + 129	ü

Communication

Tu n'as plus qu'à écrire ton message (entraîne-toi à saisir les accents), et à consulter tes mails :

I'd like to check my emails.
Je voudrais consulter ma messagerie.

I need to send an email.
Je dois envoyer un courriel.

Relis-toi ! Avant de cliquer sur Send (Envoyer), vérifie que tu as bien changé tous ces « q » en « a »... Ce fichu clavier anglais !

Les petits pièges à éviter
Si une partie de ton adresse s'écrit en un seul mot, précise alors in one word. Par exemple guillaumecourtois@yahoo.fr se dira : guillaume courtois, in one word, at yahoo dot fr.

Surfing the net

Tu trouves ça quand même beaucoup plus simple de naviguer sur le web (to surf the net) que de commander un sandwich, par exemple. Les blogs (blogs) et les forums (forums), ça te connaît ! Tu visites tes sites (websites) préférés, et tu as juste le temps d'envoyer un lien (a link) à un copain.

Avant que l'écran ne te rende les yeux carrés, comme on dit ici (you will be getting square eyes), éteins l'ordi et fais...

QUIZ Un petit quiz pour terminer !

À ton avis, que veut dire ce geste :

- ○ J'adore l'haltérophilie !
- ○ Yeah !
- ○ Zut, j'ai de la superglue sur les mains !

Imagine le monde avant l'invention d'Internet. D'après toi, quels étaient les objets les plus utilisés autrefois pour communiquer par écrit ?

- ○ a pen and a paper
- ○ a pigeon
- ○ smoke signals

18

Bye bye!

All good things must come to an end... Eh oui, toutes les bonnes choses ont une fin... Ton séjour s'achève et c'est bien dommage... Quelques semaines de plus et tu rêvais carrément en anglais ! Mais à en croire la douzaine de SMS envoyés par tes parents depuis ce matin, on t'attend impatiemment back in France. Alors, il est temps de dire thank you and goodbye!

Thanks for everything

Tes hôtes ont été très chaleureux, et n'ont même pas bronché quand, dans un moment d'inattention, tu as fait tomber les chatons en porcelaine posés sur le rebord de la fenêtre. Si seulement tu avais pu les rattraper avant qu'ils ne s'écrasent dans le jardin. Un geste maladroit qu'on essaie tous d'oublier...

Comment les remercier de t'avoir accueilli(e) cette semaine ? Quelques phrases à placer au moment opportun :

Thanks for everything!
Merci pour tout !

Thanks for having me.
Merci de m'avoir reçu(e).

I really enjoyed my stay.
J'ai vraiment apprécié mon séjour.

Thanks to you, I've discovered a great country and met wonderful people.
Avec vous, j'ai découvert un pays et des gens super.

I really felt at home here.
Je me suis senti(e) vraiment bien ici.

Have a good journey back!

Comme ils t'ont pardonné d'avoir renversé du ketchup sur la moquette blanche de la salle à manger, ils te répondront :

Keep / stay in touch!
Donne-nous de tes nouvelles !

Come again soon!
Reviens nous voir bientôt !

Call us from time to time!
Appelle de temps en temps !

S'il te reste quelques pounds, tu sais qu'une carte de remerciements (a thank you card) leur fera très plaisir. C'est le moins que tu puisses faire… après l'incident de la douche en début de semaine… Comment aurais-tu pu savoir qu'il fallait mettre le rideau de douche à l'intérieur de la baignoire, pour ne pas mouiller la moquette de la salle de bains ? Personne ne te l'avait dit… Même pas ce guide, tiens !

Here is a thank you card for you.
Voici une carte pour vous remercier.

Thanks to you, my English has improved a lot.
Grâce à vous, mon anglais s'est beaucoup amélioré.

Pour accompagner la carte, tu pourrais même offrir un petit quelque chose à ta famille. Une boîte de « Quality Street » ou de « Roses' chocolates » les touchera beaucoup. Ce serait vraiment la moindre des choses pour faire oublier que le hamster familial est en cavale depuis que tu t'es porté(e) volontaire pour nettoyer sa cage ; personne n'a encore réussi à remettre la main dessus…

Postcards

En faisant ta valise ce matin, tu es tombé(e) sur quelques chaussettes sales sous le lit, ainsi que sur un paquet de cartes postales écrites, mais pas postées. Oops! Elles arriveront à destination

XXOOXX

À la fin d'une lettre ou d'un sms, on trouve souvent une série de x ou de o, ou un peu des deux. Un code secret ? La fonction « correction automatique » un peu défaillante sur le mobile ? Pas du tout. C'est simplement un x pour a kiss (une bise), et un o pour a hug (serrer quelqu'un dans ses bras). Tu peux en mettre autant que tu veux à la fin de ta carte !

Thanks for everything!
Mehdi xxxx
(Merci pour tout ! Bises, Mehdi)

bien après toi maintenant. Tant pis, ça fait toujours plaisir.

N'oublie pas d'écrire « FRANCE » à la fin de l'adresse, et d'acheter des timbres pour l'Europe à la poste (the post office). On te donnera un autocollant « Airmail – par avion » à coller sur ta carte.

I need five stamps for Europe, please.
Je voudrais cinq timbres pour l'Europe, s'il vous plaît.

How much is it?
C'est combien ?

Where is the postbox?
Où est la boîte aux lettres ?

When will they get there?
Quand est-ce qu'elles vont arriver ?

Après toi, c'est sûr !

Have you forgotten anything?

Les cartes sont postées… que te reste-t-il à faire ?

Une checklist avant de partir : tu as…

1) rendu les clés,
2) ramassé tout ce qui t'appartenait dans la maison,
3) réussi à boucler ta valise (pas évident avec le poster géant de Kate et Will que tu as acheté),
4) retrouvé ta carte d'identité — OUF !

A few souvenirs

Tu as pensé à rapporter des souvenirs typiques : le rock (sucre d'orge avec une inscription au milieu),

Stamps
Le prix du timbre est le même, que ce soit pour une lettre (a letter) ou une carte postale (a postcard) de moins de 10 g.

Hugs
Certes, on ne se fait pas la bise ici, mais, pour les grandes occasions, on serre les gens dans ses bras en les tapotant dans le dos. Ça s'appelle to give somebody a hug (serrer quelqu'un dans ses bras). Regarde n'importe quelle série américaine, et tu verras tôt ou tard a hug ! On s'en fait à tour de bras aux États-Unis, mais cette coutume se pratique aussi en Grande-Bretagne.

Have a good journey back!

les scones, du thé et quelques bons fromages anglais comme le stilton ou le cheddar. Tu rapportes aussi des films des "Monty Python" et des DVD de "Doctor Who". Vérifie qu'ils sont sous-titrés (en anglais... bien sûr !) – ça aide ! Il faudra en effet continuer à écouter de l'anglais (films, séries TV en VO, chansons...), afin de pouvoir profiter pleinement de ton prochain séjour au Royaume-Uni. Il y a encore tellement de choses à découvrir chez nos voisins d'outre-Manche et, bien sûr, mieux tu parleras leur langue, mieux tu les apprécieras !

The post office
La poste
On trouve parfois un petit comptoir postal chez les marchands de journaux, mais il existe bien entendu des bureaux de poste comme les nôtres. Les enseignes et les boîtes aux lettres sont rouges.

Goodbye!

C'est l'heure de partir. Tu as survécu à ton premier séjour linguistique ! Bravo !

Goodbye!
Au revoir !

I'm off!
J'y vais !

Bye bye everyone.
Au revoir tout le monde.

Plus de place dans la valise pour ton guide ? Alors garde-le à la main, car, sur le chemin du retour, tu auras tout le temps de faire...

QUIZ Un petit quiz pour terminer !

Comprends-tu cette petite comptine que tout le monde connaît ici ?

- ○ **See you later, alligator; in a while, crocodile!**

....

- ○ **See you soon, old baboon!**

....

Qu'est-ce qu'on voit à la fin d'un film en anglais ?

- ○ **End**
- ○ **Final**
- ○ **The end**
- ○ **The final**

Final test

Tu ne comprends toujours pas les règles du cricket, et il te faudra des années avant d'en percer le mystère... En revanche, tes connaissances sur la vie des Anglais et leur langue n'ont à présent pas de limites ! Tu as fait des progrès fulgurants. C'est le moment de vérifier ! Puisque tu as lu ce guide attentivement, tu connaîtras toutes les réponses et tu sauras éviter les pièges...

1 Traditionnellement, les taxis londoniens sont...

- ❍ **rouges**
- ❍ **noirs**
- ❍ **jaunes**

2 Et les boîtes aux lettres sont...

- ❍ **rouges**
- ❍ **noires**
- ❍ **jaunes**

3 La monnaie du Royaume-Uni est...

- ❍ **le dollar (the dollar)**
- ❍ **l'euro (the euro)**
- ❍ **la livre (the pound)**

4 Et en argot, cette monnaie s'appelle...

- ❍ **quid**
- ❍ **squid**
- ❍ **penny**

5 Sur les routes, on roule...

- ❍ **à gauche**
- ❍ **à droite**
- ❍ **au milieu**

Final test

6 Si quelqu'un éternue, il faut dire...

- ❍ **Excuse you!**
- ❍ **Thank you!**
- ❍ **Bless you!**

7 Comment dit-on « gare » en anglais ?

- ❍ **platform**
- ❍ **station**
- ❍ **gate**

8 Si tu ne comprends pas, tu dis...

- ❍ **Sorry, what did you say?**
- ❍ **Shut up!**
- ❍ **You're welcome!**

9 Pour savoir comment quelque chose s'appelle, tu dis...

- ❍ **What is it called?**
- ❍ **What's your name?**
- ❍ **What does it mean?**

10 La reine vit...

- ❍ **dans la Tour de Londres**
- ❍ **à Buckingham Palace**
- ❍ **dans le palais de Westminster**

11 Au pays de Galles, on parle...

- ❍ **anglais et gaulois**
- ❍ **anglais et gallois**
- ❍ **anglais et gaélique**

12 Les joueurs de cricket sont habillés en...

- ❍ bleu, blanc, rouge (les couleurs de l'Union Jack)
- ❍ blanc (pour aller avec leur teint)
- ❍ vert (pour camoufler les taches d'herbe)

13 Qu'est-ce que c'est, « Eastenders » ?

- ❍ le métro de Londres
- ❍ un plat écossais
- ❍ une série télé

14 Tu veux connaître le temps qu'il fait ; tu dis :

- ❍ Why's the weather?
- ❍ Where's the weather?
- ❍ What's the weather like?

15 Où verras-tu l'inscription « Mind the gap » ?

- ❍ dans le métro
- ❍ dans un centre commercial
- ❍ dans une salle de classe

16 Un(e) élève te dit « I fancy you ».
Qu'est-ce qu'il/elle veut dire ?

- ❍ Tu me passes ton crayon?
- ❍ Je te kiffe grave.
- ❍ Je m'appelle Francis.

17 Sherlock Holmes habite au :

- ❍ 75 Scotland Yard
- ❍ 10 Downing Street
- ❍ 221b Baker Street

18 Comment dit-on « jumeau » en anglais ?

- ❍ twin brother
- ❍ double brother
- ❍ half-brother

LONDON BUS

19 « Discuter » en anglais, c'est...

- ❍ to dog
- ❍ to cat
- ❍ to chat

20 « Je ne suis pas dans mon assiette » se dit...

- ❍ I am not in my plate.
- ❍ I don't like the weather.
- ❍ I'm under the weather.

21 Comment s'appelle le plat typique de l'Inde ?

- ❍ gravy
- ❍ curry
- ❍ haggis

22 Qu'est-ce que c'est, la « BBC » ?

- ❍ une chaîne de restaurants
- ❍ des chaînes de télé et des stations de radio
- ❍ un dessert (Banane Bonbons Chantilly)

23 Comment prononce-t-on le mot « recipe » (recette) ?

- ❍ ri-saï-pe
- ❍ ri-saï-pi
- ❍ rai-si-pi

24 Qu'est-ce qu'on ne trouverait pas dans un salon ?

- ❍ a settee
- ❍ a chimney
- ❍ a coffee table

25 Tu veux savoir si Claire a un petit ami. Tu lui dis :

- ❍ Do you have a boyfriend?
- ❍ Do you have a pet?
- ❍ Do you have a minute?

26 Tu t'es coupé le doigt. Il te faut...

- ❍ a cast
- ❍ a plaster
- ❍ a tablet

27 Comment écrit-on « moutarde » en anglais ?

- ❍ mutard
- ❍ moostard
- ❍ mustard

28 « Stay in touch! » veut dire...

- ❍ Pas touche !
- ❍ Reste sur la ligne de touche !
- ❍ Donne-nous de tes nouvelles !

29 « What does it mean? » signifie...

- ❍ Qu'est-ce que c'est?
- ❍ Qu'est-ce que tu me veux?
- ❍ Qu'est-ce que ça veut dire?

BIG BEN

30 Comment dit-on « Il gèle » ?

- ❍ It's snowing.
- ❍ It's raining.
- ❍ It's freezing.

31 À Noël, on dit...

- ❍ Happy New Year!
- ❍ Happy birthday!
- ❍ Merry Christmas!

32 Où est-ce qu'on range ses vêtements ?

- ❍ in the cupboard
- ❍ in the corridor
- ❍ in the shower

33 Tu as faim. Tu dis...

- ❍ I have hunger.
- ❍ I am hunger.
- ❍ I am hungry.

34 Tu rencontres quelqu'un pour la première fois. Tu dis...

- ❍ Nice to greet you.
- ❍ Nice to meet you.
- ❍ Nice to sneeze you.

35 Tu envoies un SMS à un copain pour lui demander de te rejoindre avant l'école. Tu écris :

- ❍ c u b4 school
- ❍ I luv school it's gr8
- ❍ omg I h8 school

36 Comment écrit-on « un paquet de chips » ?

- ❍ a packet of chips
- ❍ a paket of chips
- ❍ a packet of crisps

37 Que te faut-il pour écrire ta carte postale à Mamie ?

- ❍ a pen
- ❍ a pan
- ❍ a pin

38 Qu'est-ce qu'on porte à l'école en G.-B. ?

- ❍ une combinaison de plongée (pour la pluie)
- ❍ un uniforme
- ❍ un jean et des baskets

39 Comment écrit-on « langue » en anglais ?

- ❍ lingo
- ❍ langage
- ❍ language

40 Lequel de ces plats est typiquement britannique ?

- ❍ garlic snails
- ❍ goulash
- ❍ fish and chips

41 Une balle de cricket est faite...

- ❍ de liège et de cuir
- ❍ de "baked beans" séchés et roulés en boule
- ❍ de mousse

42 Comment appelle-t-on le « poisson pané » en anglais ?

- ❍ fish eyes
- ❍ fish fingers
- ❍ fish heads

43 Tu as le mal du pays. Tu dis :

- ❍ **I have a country ache.**
- ❍ **I am sick of my country.**
- ❍ **I am homesick.**

44 Qu'est-ce qu'un « cheese toastie » ?

- ❍ **une sorte de croque-monsieur au fromage**
- ❍ **un biscuit au fromage**
- ❍ **une omelette au fromage**

45 On te propose une activité, mais tu n'en as pas envie. Tu dis...

- ❍ **I don't mind it.**
- ❍ **I don't fancy it.**
- ❍ **I don't brush it.**

46 Tu es perdu(e) ? En anglais c'est...

- ❍ **I've lost.**
- ❍ **I'm lost.**
- ❍ **Get lost.**

47 « Comment ça s'écrit ? », en anglais, c'est...

- ❍ **What do you spell it?**
- ❍ **How do you smell it?**
- ❍ **How do you spell it?**

48 Les « baked beans » sont...

- ❍ **des haricots à la sauce tomate**
- ❍ **des crêpes cuites au four**
- ❍ **des mini-saucisses**

49 Tu veux un plan de la ville. Tu demandes...

- ❍ a cap
- ❍ a map
- ❍ a rap

50 Comment dit-on « la cuisine française » ?

- ❍ French cook
- ❍ French food
- ❍ French cooker

51 Les petits pois anglais sont...

- ❍ verts
- ❍ très verts
- ❍ très, très verts

52 Le soir, avant de te coucher, tu pourrais entendre :

- ❍ Sweet dreams!
- ❍ Good morning!
- ❍ Enjoy your meal!

53 Tu es dans un magasin et tu dis à la vendeuse que tu ne fais que regarder :

- ❍ I'm just buying everything.
- ❍ I'm just stealing.
- ❍ I'm just looking.

54 « Don't be late » veut dire...

- ❍ Ne bois pas de lait.
- ❍ Ne sois pas en retard.
- ❍ Ne te lasse pas.

55 Tu veux l'horaire des bus. Tu demandes :

❍ a single

❍ a return

❍ a timetable

Tea Time

56 Big Ben est le nom…

❍ du cuisinier à l'école

❍ de la cloche du palais de Westminster

❍ du chat de la voisine

57 « Tea » veut dire « thé », mais également…

❍ du whisky

❍ le dîner

❍ la cuisine

58 Comment dit-on « à plus tard » ?

❍ Smell you later!

❍ See you later!

❍ Watch you later!

59 On fait combien de bises le matin ?

❍ deux (une sur chaque joue)

❍ quatre (une sur chaque joue, une sur le menton et une sur le front)

❍ zéro (on les garde pour les grandes occasions)

60 « Mon père est prof », en anglais, c'est…

❍ My dad is teacher.

❍ My dad is the teacher.

❍ My dad is a teacher.

Corrigés

1 Let's go!

- Seagulls
- It's next to the station.

2 What's your name?

- I am fifteen years old.
- Une douzaine d'huîtres de ton village breton, un camembert déjà bien avancé.
- England (Angleterre) : 1
  Wales (pays de Galles) : 4
  Scotland (Écosse) : 2
  Northern Ireland (Irlande du Nord) : 3

3 Your room!

- candle
- Can I call my parents?
- En Grande-Bretagne 4, aux USA 5.

4 Hungry?

- Toothbrush, bunk beds, remote control.
- 

  old broccoli | a water bottle | an empty tin of baked beans, a can of Pepsi®

5 Sleepy?

- I can't stand horror films.
- Tom Cruise

6 Wake up!!

- I'd like some bacon.
- I've had enough, thanks.
- Cockle-doodle-doo!

Corrigés

7 Have a good day!

- The tube
- It's five to one.

8 At school

- Office
- French, History, English, Drama, Maths
- My dog ate my homework.

9 Starving?

- Why do the French like to eat snails?
  – Because they don't like fast food!

  Pourquoi les Français aiment-ils manger des escargots ?
  – Parce qu'ils n'aiment pas la nourriture rapide (fast food) !

  What do you call a witch who lives by the sea?
  – A sand-witch.

  Comment appelle-t-on une sorcière qui habite au bord de la mer ?
  – Une sorcière de sable (jeu de mots sur « sand » et « witch »).

10 Glad you're here!

- What's his nickname? – The King
  What's his surname? – Presley
  What's his first name? – Elvis
- ii - ell - vii - aïe - ess - at - èytch - o - tii - emm - èy - aïe - ell - dot - sii - o - emm
- Are you coming tomorrow for my birthday? It will be great! Kiss kiss.
  Est-ce que tu viens demain pour mon anniv ?

Ça va être génial ! Bisous.

11 Sightseeing!

- Empire State Building
- La Tamise, The Thames
- Les chiens de compagnie de la reine mangent uniquement dans des écuelles en or.

12 Relax!

- the swimming pool → la piscine
  the theme park → le parc d'attractions
  the football pitch → le terrain de foot
  the ice rink → la patinoire
  the wildlife park → le parc animalier
- I never play football.
  I always like to read.
  I sometimes go swimming.

13 I need a few things

- The change.
- £34 → thirty-four pounds ou thirty-four quid
  £7.25 → seven pounds twenty-five
  £0.75 → seventy-five pence

14 Dinner at home

- You're such a chicken! (Tu es vraiment un poulet !) → T'es vraiment une poule mouillée !

  I'm full of beans! (Je suis plein de haricots !) → J'ai la patate !

  It's as easy as pie! (C'est facile comme de la « pie » !) → C'est facile comme tout !
- Sponge

Corrigés

15 A special day!

- Bonfire Night
- Friday 11 July ou Friday 11th July

16 Help!

- It costs an arm and a leg. (Ça coûte un bras et une jambe.) → Ça coûte les yeux de la tête.

  From head to toe. (De la tête à l'orteil.) → De la tête aux pieds.

  Keep your hair on! (Garde tes cheveux sur la tête !) → Ne t'excite pas !

  He's got a big mouth. (Il a une grande bouche.) → Il ne peut pas s'empêcher de l'ouvrir.

  It's better than a kick in the teeth. (C'est mieux qu'un coup de pied dans les dents.) → C'est mieux que rien.

  On the other hand... (Dans l'autre main...) → D'un autre côté...
- Toes

17 Keep in touch...

- Yeah !
- a pen and a paper

18 Bye bye!

- À plus tard mon lézard ; dans un moment, vieux serpent ! (en anglais, alligator et crocodile, puisque ça rime !)
  À bientôt, vieux crapaud ! (en anglais, babouin)

• The end

19 Final test

1. noirs 2. rouges 3. la livre (the pound) 4. quid 5. à gauche 6. Bless you! 7. station 8. Sorry, what did you say? 9. What is it called? 10. à Buckingham Palace 11. anglais et gallois 12. blanc (pour aller avec leur teint) 13. une série télé 14. What's the weather like? 15. dans le métro 16. Je te kiffe grave. 17. 221b Baker Street 18. twin brother 19. to chat 20. I'm under the weather. 21. curry 22. des chaînes de télé et des stations de radio 23. rai-si-pi 24. a chimney 25. Do you have a boyfriend? 26. a plaster 27. mustard 28. Donne-nous de tes nouvelles ! 29. Qu'est-ce que ça veut dire ? 30. It's freezing. 31. Merry Christmas! 32. in the cupboard 33. I'm hungry. 34. Nice to meet you. 35. c u b4 school 36. a packet of crisps 37. a pen 38. un uniforme 39. language 40. fish and chips 41. de liège et de cuir 42. fish fingers 43. I am homesick. 44. une sorte de croque-monsieur au fromage 45. I don't fancy it. 46. I'm lost. 47. How do you spell it? 48. des haricots à la sauce tomate 49. a map 50. French food 51. très, très verts 52. Sweet dreams! 53. I'm just looking. 54. Ne sois pas en retard. 55. a timetable 56. de la cloche du palais de Westminster 57. le dîner 58. See you later! 59. zéro (on les garde pour les grandes occasions) 60. My dad is a teacher.

Verbes irréguliers anglais

infinitif	prétérit	participe passé	traduction
be	was, were	been	être
beat	beat	beaten	frapper
become	became	become	devenir
begin	began	begun	commencer
bite	bit	bitten	mordre
break	broke	broken	(se) casser
bring	brought	brought	amener
build	built	built	construire
burn	burnt, burned	burnt, burned	brûler
buy	bought	bought	acheter
catch	caught	caught	attraper
choose	chose	chosen	choisir
come	came	come	venir
cost	cost	cost	coûter
cut	cut	cut	couper
do	did	done	faire
draw	drew	drawn	tirer
dream	dreamt, dreamed	dreamt, dreamed	rêver
drink	drank	drunk	boire
drive	drove	driven	conduire

Verbes irréguliers anglais

infinitif	prétérit	participe passé	traduction
eat	ate	eaten	manger
fall	fell	fallen	tomber
feel	felt	felt	sentir
fight	fought	fought	se battre
find	found	found	trouver
fly	flew	flown	voler
forbid	forbade	forbidden	interdire
forget	forgot	forgotten	oublier
get	got	got	recevoir, obtenir
give	gave	given	donner
go	went	gone	aller
grow	grew	grown	croître
have	had	had	avoir
hear	heard	heard	entendre
hide	hid	hidden	(se) cacher
hit	hit	hit	frapper
hurt	hurt	hurt	faire mal
keep	kept	kept	garder, continuer
know	knew	known	connaître, savoir

Verbes irréguliers anglais

infinitif	prétérit	participe passé	traduction
lead	led	led	mener
learn	learnt, learned	learnt, learned	apprendre
leave	left	left	partir
lend	lent	lent	prêter
let	let	let	laisser, louer
lose	lost	lost	perdre
make	made	made	faire
mean	meant	meant	vouloir dire
meet	met	met	(se) rencontrer
pay	paid	paid	payer
put	put	put	mettre
read	read	read	lire
ride	rode	ridden	monter (à)
ring	rang	rung	sonner
run	ran	run	courir
say	said	said	dire
see	saw	seen	voir
sell	sold	sold	vendre
send	sent	sent	envoyer

infinitif	prétérit	participe passé	traduction
shoot	shot	shot	tirer
show	showed	shown	montrer
shut	shut	shut	(se) fermer
sing	sang	sung	chanter
sit	sat	sat	(s')asseoir
speak	spoke	spoken	parler
spend	spent	spent	dépenser
stand	stood	stood	se lever
steal	stole	stolen	voler
swim	swam	swum	nager
take	took	taken	prendre
teach	taught	taught	apprendre
tell	told	told	dire (à)
think	thought	thought	penser
throw	threw	thrown	lancer
understand	understood	understood	comprendre
wake up	woke up	woken up	se réveiller
win	won	won	gagner
write	wrote	written	écrire

Crédits photographiques :

© Fotolia : 9gods - Africa Studio - air - Albachiaraa - ale206 - Alex Bramwell - Alexey Goosev - Alexey Pavluts - alfrag - Alice - allegro - Amrit G - Andrea Danti - andreapetrlik - Andres Rodriguez - Andrew Tobin - Andrey IURLOV - Andy Dean - Andy Lidstone - angelo.gi - Anibal Trejo - Anna Kucherova - arrow - auryndrikson - babimu - barbo - beawolf - Beboy - Becky Stares 2011 - Ben Edwards - bluedarkat - Brett Mulcahy - Brooke Becker - c - C.Y.Ronnie.W - CALLALLOO Canis - Carlos Caetano - Carola Vahldiek - Charlotte Lake - cheitt - chrisdorney - cla' - Corbis - corbisrfsomos - Daniel Ernst - David H. Seymour - davidyoung11111 - de_marco - Delphimages - DeVIce - Dhoxax - diego cervo - Dionisvera - Dominik Michálek - Douglas Freer - Duncan Noakes - Eky Chan - elavuk81 - eldo - electriceye - Elena Schweitzer - Elenathewise - Eléonore H - Eleonore Horiot - Elnur - fazon - Felix Horstmann - francovolpato - Frog 974 - ftlaudgirl - geewhiz - Gennadiy Poznyakov - Giuseppe Porzani - Glyph - GP - graja - Guido Vrola - HappyAlex - i love images - Iaroslav Neliubov - ildar akhmerov - Image Source - Iosif Szasz-Fabian - Iris Muecke - Ivonne Wierink - Jacques PALUT - jamierogers1 - Jaspal Bahra - javier brosch - Jenny Thompson - Jiri Hera - JJAVA - Joe Gough - Jof - jokatoons - julien tromeur - Jürgen Fälchle - kafai - karandaev - kastock - kevers - Kitch Bain - kmiragaya - kokitom - L. Shat - L.Bouvier - Lance Bellers - landi - Lasse Kristensen - Laz'e-Pete - lightpoet - lily - lone&lone - Lota - Lucian Milasan - lvcandy - lynea - Maksim Pasko - marinamik - mark yuill - Marzia Giacobbe - Maximo Sanz - miles5 - Monkey Business - monticellllo - moonrun - nadger - Nikolai Sorokin - NilsZ - NinaMalyna - N-Media-Images - oillio29 - Olga Nayashkova - Oran Tantapakul - Paty Wingrove - pavalena - photocrew - piai - picsfive - pierrel16 - Prosetisen - Rafa Fernandez - ramonzarat - rauf_ashrafov - RG. - rgbdigital.co.uk - Robert Anthony - robynmac - Roman Pyshchyk - roman_volkov - rraychev - rubysoho - Ruslan Grumble - S_E - SahinMurat - samott - sayuri_k - Scanrail - Scott Griessel - Scott Latham - Scott Waby - Sean Gladwell - seleznyov - serge_bertasius - Sergey Ilin - Sharpshot - Silke Wolff - slouankang - solovyova - Spectral-Design - Speedfighter - Springfield Gallery - Stefan Andronache - Stephane Bonnel - Stephen Coburn - Steve Young - StudioGi-2010 - Sujit Mahapatra - sumnersgraphicsinc - SunnyS - teracreonte - terex - TheStockCube - thierryplouchard - Thomas Faivre-Duboz - Thomas Pajot - timolina - treenabeena - tribalium81 - Tuan Huy Pham - TwilightArtPictures - uckyo - Valerie Thang - Valerii Zan - Viktor - Viorel Sima - Vladimir Logvinov - WawroDesign - yadviga - Yuri Arcurs - Yves Damin - Zubada

© Emily Duggan (pages 124 et 127)

© Vincenzo Perri (page 96)

Imprimé en Italie par
«La Tipografica Varese Srl», Varese
Dépôt légal : août 2012 - 317364/01
N° de projet : 11031930 - fevrier 2016